Grafische Gestaltung und Redaktion: Anna Parisi, Rosaria Punzi und Filippo Sassoli.

Die technischen Zeichnungen wurden eigens fuer diese Ausgabe von Nicoletta De Benedetti in Zusammenarbeit mit Elisabetta Mochi Onori entworfen.

Aus dem Italienischen uebertragen von Huberta Bertolini Pott. Verfassung der Gedichte von Huberta Bertolini Pott.

Ein besonderer Dank geht an Francesco Palombi fuer die Ausfuehrung der Fotos, an Laura Tommasini fuer die Mitwirkung am Anfangsprojekt, an Elisabetta Parisi fuer die Revision der Texte und an Claudia Castello fuer die Sammlung von Informationen.

© 1995
Anna Parisi, Rosaria Punzi und Filippo Sassoli.
Alle Rechte vorbehalten
Nachdruck verboten
ISBN 88-7621-368-6
Herausgegeben im Februar 1997 von der - Arti Grafiche Fratelli Palombi- in Via dei Gracchi 183, 00192 Rom / Italien.

Anna Parisi - Rosaria Punzi
Illustrationen: Filippo Sassoli

KINDER AUF ENTDECKUNGSREISE IM ANTIKEN ROM

Patrocinio del Comune di Roma

ufficio
LA CITTÀ A MISURA DELLA BAMBINE E DEI BAMBINI
(DIE STADT, MASSGERECHT FUER MÄDCHEN UND JUNGEN)

Patrocinio della Regione Lazio,
Assessorato per la Promozione della Cultura,
dello Spettacolo e del Turismo

Vorwort

Vorweg möchte ich den Eltern und Kindern, die sich mit den folgenden Seiten ins Abenteuer stuerzen, sagen, dass dieses ein mutiges Buch ist, ein "gegen den Strom laufendes" Buch. Doch es ist es wirklich wert, gelesen und verwendet zu werden. Gegen den Strom zu laufen bedeutet in diesem Falle, die Absicht des Menschen die "Orte der Erinnerung" zeigen zu wollen, gerade heutzutage, wo man Erinnerung abschiebt und die unpersönlichen "Nicht-Orte" hervorhebt. Wenn wir uns mal selbst beobachten, merken wir, wieviel wir von unserer Zeit in diesen unpersönlichen und nichtssagenden "Nicht-Orten" verbringen und wie wenig uns davon als Erinnerung erhalten bleibt: die Autobahnstationen, Flughäfen, die Autoschlangen und das Auto selbst, die vielen Einkaufsstrassen wie in Rom die Via del Corso, wo tausende Jugendliche zu Fuss auf und ab laufen, vielleicht auch sogar die eigenen Wohnräume, die mittlerweile vom TV Gerät beherrscht werden. Aber jene Orte, die in meiner Kindheit noch Gemeinschaftsplätze waren, angefangen bei den Kirchplätzen bis zu den anderen grossen und kleinen Plätzen, zu den Dorfgaststätten, zu den Gärten und Parks, sind heutzutage nicht mehr modern. Der Sieg der "Nicht-Orte" ist unvermeidlich, auch jener der Vergesslichkeit und des "Dahinlebens" ohne Erinnerungen.

Wir sind dem einfachen "Dahinleben" in der Gegenwart ausgeliefert, fast so als ob uns die Vergangenheit und die Zukunft nicht interessieren wuerden.

Dieses Buch steht eben mit all dem in Gegentendenz und das mit einem absichtlichen Mut, der in einer Welt, wo man es eben vorzieht "mit dem Strom zu schwimmen", eine seltene intellektuelle Eigenschaft ist.

Dieses ist ein Buch, welches uns "Orte der Erinnerung" unterbreitet und beschreibt: Wahre und echte Orte, wo Generationen um Generationen von Menschen gelebt haben, mit ihren Problemen, ihrem alltäglichen Verhalten und ihrer gemeinschaftlichen Lebenseinteilung und den dazugehörigen Strukturen (die Tempel und der Senat), alles weit entfernt von den ruhmreichen Grössen des römischen Volkes, von denen wir in unseren Geschichtsbuechern nachlesen können. Wenn wir also an diese Orte zurueckkehren und ihre darin enthaltenen Erinnerungen in uns eindringen lassen, ist das nicht nur eine gute Uebung von grossem kulturellem Wert, sondern auch von grosser menschlicher Bedeutung fuer uns. Es ist so, als ob wir zu unseren Urspruengen zurueckkehren wuerden, weniger zu den Wurzeln unserer grossen Geschichte, sondern vielmehr zu den Wurzeln unserer menschlichen und zivilen Qualitäten; es ist wie das Eindringen in die "Höhle des Geistes", eine Erfahrung, welche die Psychologen als enorm wichtig fuer die Entwicklung der eigenen Persönlichkeit betrachten.

Auch ich selbst habe es in meiner Jugend versäumt, diese Orte des antiken Roms, diese "Truemmer", die Millionen von Menschen gedankenlos ansehen, zu besichtigen, zu interpretieren und das darin reich enthaltene Andenken zu fuehlen und aufzunehmen.

Aber ich schreibe diese Zeilen auch als einfacher Leser dieses von zwei Römerinnen der juengeren Generation geschriebenen Fuehrers. Es zeigt, dass zwar die Generationen voruebergehen und sich verändern, die Geschichte und die Erinnerung auf die wir uns stuetzen aber bleibt erhalten und viele von uns sollten sich davon involvieren lassen.

Giuseppe De Rita

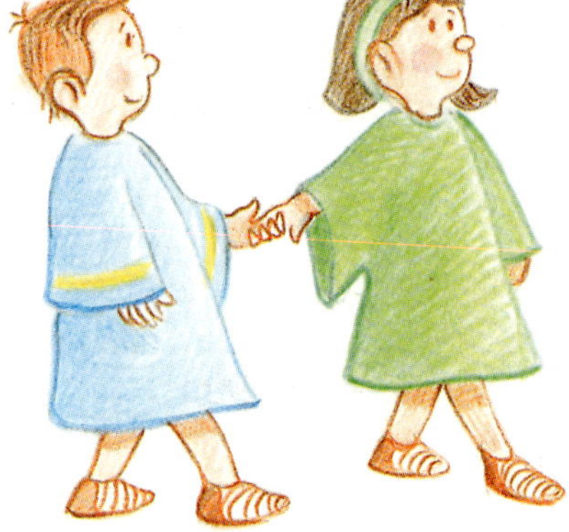

INHALTSVERZEICHNIS

- Stadtplan des Zentrums von Rom — Seite 8
- Was soll man zur Besichtigung mitnehmen? — Seite 10
- Die wichtigsten historischen Ereignisse — Seite 12
- Rom zur Zeit der Gruendung bis zur Zeit der weitesten Ausdehnung des Reiches — Seite 14
- Eine Besichtigung — Seite 16

- Das Forum Boarium und die Tiberinsel — Seite 17
- Das Kapitol — Seite 33
- Das Forum Romanum — Seite 43
- Der Palatin — Seite 81
- Das Tal rund um das Kolosseum — Seite 99
- Der Circus Maximus — Seite 111
- Geschichte und Legenden — Seite 117

Aspekte des täglichen Lebens — Seite 127
    Das Leben der römischen Kinder — Seite 128
    Verbindungssysteme — Seite 131
    Die Wasserversorgung — Seite 134
    Brauchbare Adressen — Seite 139

Rätselauflösungen — Seite 142

Kinder auf Entdeckungsreise im Antiken Rom

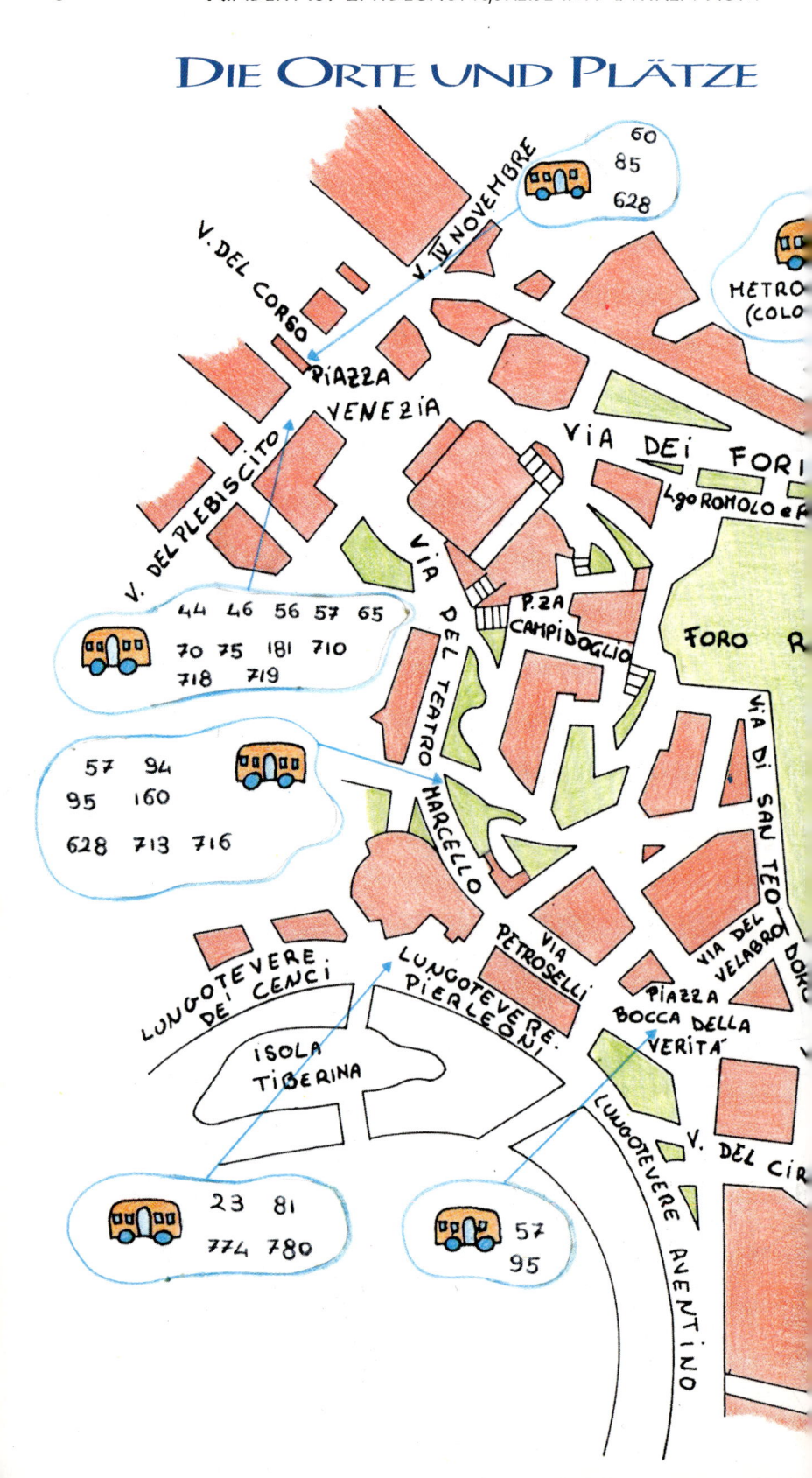

Die Orte und Plätze

DIE WIR BESICHTIGEN WERDEN

(map of Colosseo area with bus stops)

- CAVOUR — 4, 9, 16, 27, 81
- PE RIALI
- VIA D. SS QUATTRO
- PIAZZA DEL COLOSSEO — COLOSSEO
- VIA DI SAN GREGORIO — 11, 27, 81, 85, 87, 186, 220, 291
- PALATINO
- DEI CERCHI
- PIAZZA DI PORTA CAPENA
- CIRCO MASSIMO
- P.LE U. LA MALFA
- VIALE AVENTINO — 81, 160, 628
- 27, 81, 94, 673

WAS SOLL MAN ZUR BESICHTIGUNG MITNEHMEN

DEN RUCKSACK
Da kannst Du alles Nötige hineingeben und hast die Hände immer frei! Nimm aber nur das Notwendigste mit, sonst wird der Rucksack zu schwer.

Was packe ich in den Rucksack ein?

- den Notizblock und Fueller
- einen kleinen und leichten Fotoapparat 
- einen Fuehrer mit den nötigen Erklärungen 

Wenn ...

...Du oft hungrig oder durstig bist, dann nimm Dir eine kleine Jause mit.

...schlechtes Wetter ist, dann vergiss den Regenschutz nicht. Dieser soll leicht und zusammenlegbar sein. Ein Schirm ist unpraktisch und platzraubend.

...es heiss ist und Du im Freien bist, dann vergiss den Sonnenschutz, d.h. eine Kopfbedeckung nicht.

Wie man einen Stadtfuehrer richtig gebraucht

DIE PLÄNE zeigen Dir aufgezeichnet die Gebäude, die Du besichtigen wirst. Wir haben die Pläne sehr vereinfacht aufgezeichnet, damit Du sie sicher verwenden kannst und immer weisst, wo Du Dich befindest. Denke dabei an einen Plan zur Schatzsuche, vielleicht fällt es Dir dann leichter die Strecke zu verfolgen!

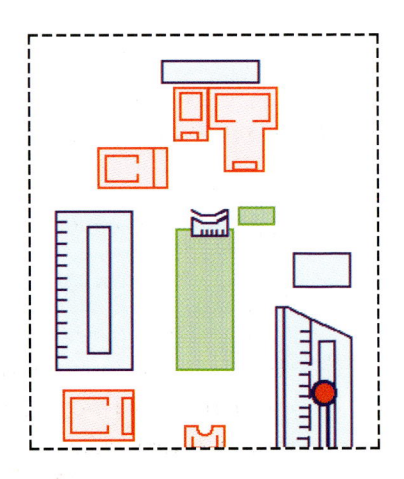

DIE SYMBOLE sollen Dir hilfreich sein, damit Du schnell Informationen finden kannst, die Du brauchst.

- Bus und U-Bahnlinien
- Taxi Standplatz
- Brauchbare Ratschläge 
- Fahrkartenpreis
- Öffnungszeiten
- Adresse des Ortes, den Du besichtigen moechtest.

DIE ZEIT TAFELN

helfen Dir, Dich in den einzelnen historischen Zeitabschnitten zurechtzufinden. Wir haben die römische Geschichte (vom Beginn bis zum Verfall des Weströmischen Reiches) in verschiedene geschichtliche Abschnitte unterteilt u. jeden einzelnen dieser Abschnitte mit einer eigenen Farbe gekennzeichnet.

Rechts der Tabelle siehst Du, zeitgerecht unterteilt, die wichtigsten geschichtlichen Ereignisse.

Die Farben, welche die Kaiserzeiten unterteilen, stimmen mit den einzelnen Dynastien ueberein und die aufgezählten Namen sind jeweils nur die wichtigsten Kaiser jener Zeit.

27 a.C.	Augustus
Jahr 0	Tiberius
	Caligula
	Claudius
50 p.C.	Nero
	Vespasian
	Titus
	Domitian
	Nerva
100 p.C.	Trajan
	Hadrian
	Antoninus Pius
	Mark Aurel

DIE FARBEINTEILUNG DER VERSCHIEDENEN BAUARTEN

soll Dir die Art des Denkmals und die architektonische Konstruktion unterscheiden helfen.

- Häuser und Wohngebäude
- Gebaeude, die der religioesen Funktion dienen.
- Gebaeude im Dienste der Oeffentlichkeit und Gebaeude die zur Verfuegung fuer Auffuehrungen stehen.
- Gebaeude, die der Politik, Justiz und Verwaltung dienen.
- Ehrendenkmäler

Die wichtigsten historischen Ereignisse

Zeit	Epoche	Ereignis
X–IX Jhd. a.C.		Bronzezeit / Eisenzeit
753 a.C.	Kaiserzeit	Gruendung Roms
700 a.C.	Kaiserzeit	
	Kaiserzeit	Rom erobert Alba Longa
	Kaiserzeit	Tarquinius Könige
600 a.C.	Kaiserzeit	
509 a.C.	Zeit der Republik	Rom vertreibt Tarquinius Superbus und besiegt die Latiner. Kämpfe zwischen Patriziern und Plebejern. Die ersten niedergeschriebenen Gesetze entstehen.
400 a.C.	Zeit der Republik	Rom wird von den Galliern besetzt.
	Zeit der Republik	Erster Samnitischer Krieg / Rom erobert das Latium / Zweiter Samnitischer Krieg / Dritter Samnitischer Krieg
300 a.C.	Zeit der Republik	Erster Punischer Krieg / Zweiter Punischer Krieg
200 a.C.	Zeit der Republik	Dritter Punischer Krieg / Tiberius Gracchus / Cajus Gracchus / Mario / Silla
100 a.C.	Zeit der Republik	Cäsar, Pompejus und Crassus / Oktavian, Anton und Lepidus / Oktavian besiegt Anton
27 a.C.		

Zeit	Kaiser	Ereignis
27 a.C.	Augustus	Oktavian Augustus: erster Kaiser
Anno 0		Geburt Jesu Christi (in Palästina)
	Tiberius	
	Caligula	
	Claudius	
50 p.C.	Nero	
	Vespasian	Brand von Rom
	Titus	
	Domitian	
	Nerva	
100 p.C.	Trajan	
	Hadrian	Die grösste Ausdehnung des Reiches
	Antoninus Pius	
	Mark Aurel	
200 p.C.	Septimius Severus	
	Caracalla	Römisches Buergerrecht fuer alle Untertanen des Reiches
		Weitverbreitete Christenverfolgung
	Aurelian	
	Diokletian	
300 p.C.	Maxentius	
	Konstantin	Edikt von Mailand (Religionsfreiheit fuer die Christen) Verlegung der Hauptstadt nach Konstantinopel
400 p.C.		
	Romulus	Odoaker setzt Romulus Augustulus ab:
476 p.C.	Augustulus	Ende des Römisches Westreiches

Rom zur Zeit der Gruendung...

Die ersten Schritte Roms

Rom setzt nach den Punischen Kriegen seine Ausdehnung fort

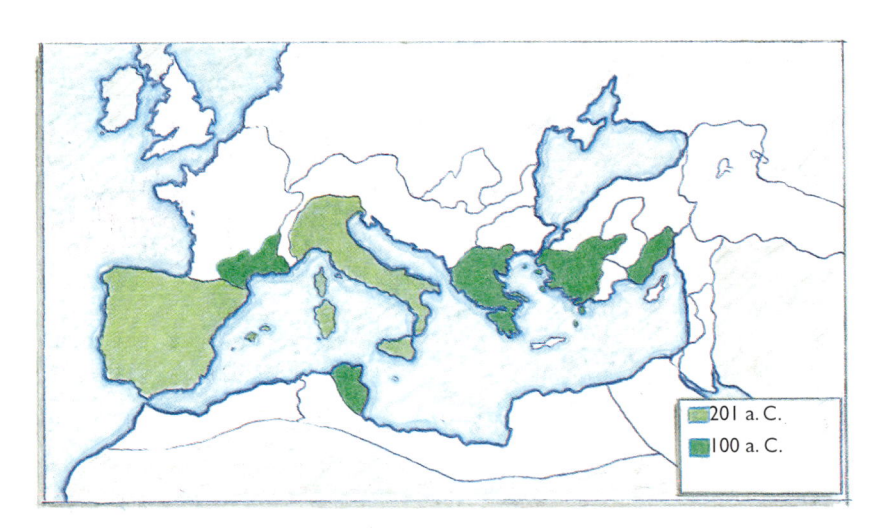

Iberien, Narbonne, Italien, Griechenland, Asien, Sizilien, Afrika

...BIS ZUR ZEIT DER WEITESTEN AUSDEHNUNG DES REICHES

Rom am Ende des Reiches von Augustus

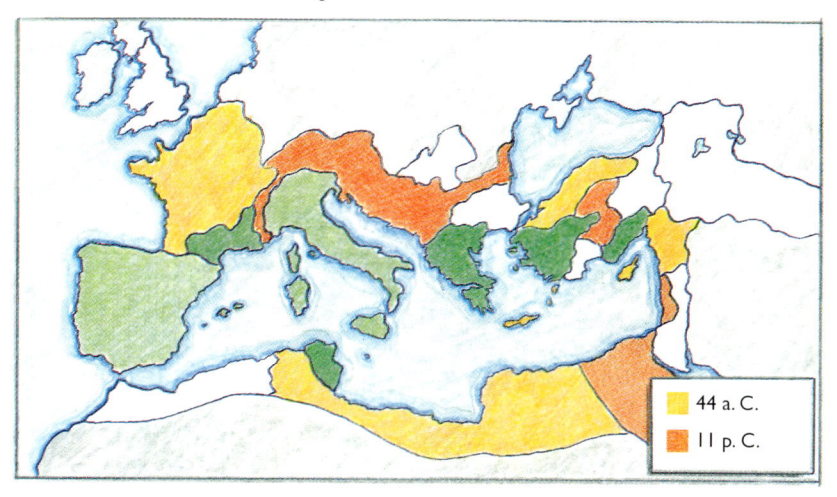

■ 44 a. C.
■ 11 p. C.

■ Gallien, Bithynien, Syrien, Cyrenaika, Lybien
■ Rätien, das Norikum, Pannonien, Dalmatien, Mösien, Kappadozien, Ägypten

Rom während seiner grössten Ausdehnung, nach den Eroberungen des Kaisers Trajan

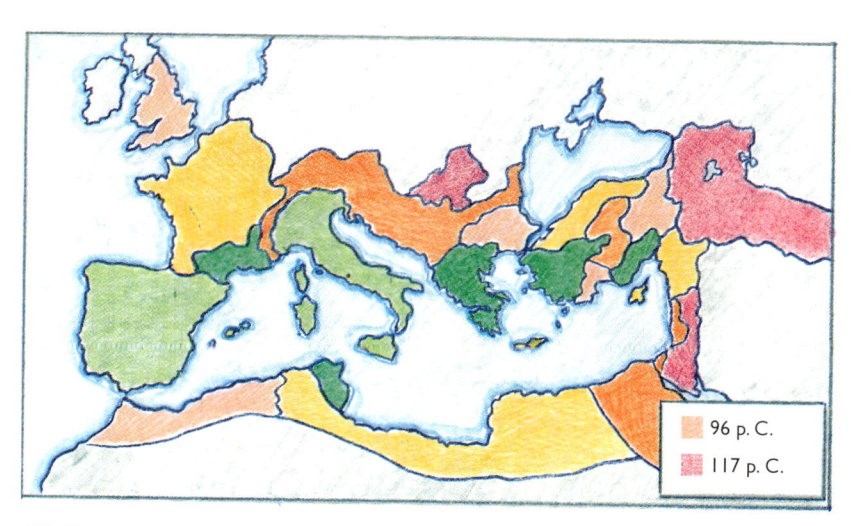

■ 96 p. C.
■ 117 p. C.

■ Britannien, Thrazien, Armenien, Mauretanien
■ Dazien, Assyrien, Mesopotamien

Eine Besichtigung sollte eine Angenehme Unterhaltung sein

Es ist ein Ausflug: nicht zu Hause, nicht in der Schule, sondern ein gemuetlicher Stadtrundgang.

1 Du bist nicht im Unterricht! Lass alles an Dir wie in einem Kinofilm voruebergehen und versuche Dich in alles hineinzuleben!

2 Stell Dir viele Fragen wie: "Wozu brauchte man das?" "Was geschah in diesem Gebäude?" "Wer lebte denn hier?"

3 Versuche neue und interessante Einzelheiten zu entdecken.

4 Sprich und diskutiere mit Deinen Freunden darueber und spare nicht mit lustigen Bemerkungen!

5 Mach' Dir Notizen und Fotos. Fotografiere aber nicht nur Monumente, sondern auch Deine Freunde, damit Du mehr Spass am Wiederansehen der Fotos hast.

Wenn Du Zeit und Lust dazu hast, dann kannst Du Dir zu Hause selbst ein Album aus einem Heft anfertigen und alle Fotos und sonstigen Erinnerungen oder Deine schönsten Andenken an diesen Ausflug einkleben und einordnen.

Das Forum Boarium und die Tiberinsel

Lungotevere dei Pierleoni

Der Besichtigungsrundgang wird ausschliesslich im Freien durchgefuehrt.

Via dei SS. Quattro (Tel:7002505)

Die Besichtigung dauert ungefähr 1 Stunde

18 Kinder auf Entdeckungsreise im Antiken Rom

DAS FORUM BOARIUM UND DIE TIBERINSEL

- 1. Tiberhafen
- 2. Sakralgebiet vom hl. Omobono
- 3. Die 3 Tempel des Forum Holitorium
- 4. Der Janusbogen
- 5. Der Bogen der Argentarii
- 6. Bocca della Verità
- 7. Tempel des Hercules Victor
- 8. Portunustempel
- 9. Äsculapiustempel

Der Tiber: eine wichtige Handelsverkehrsstrasse

Die Verkehrsmittel zu Lande bestanden in der antiken Welt aus Wagen, die von Tieren gezogen wurden. Die einfachste Art aber Waren zu tranportieren war es, sie auf Schiffe zu verfrachten und sie vom Wind treiben zu lassen. Schon vor der Gruendung Roms gelangte der Handelsweg von nahen und weitentfernten Orten (Griechenland, Spanien, Ägypten, Afrika) bis zur Tibermuendung.
Um dann von der Kueste ins Landesinnere zu gelangen, gebrauchte man den Tiber als Transportweg, da dies als einfacher galt und der Tiber gut beschiffbar war.

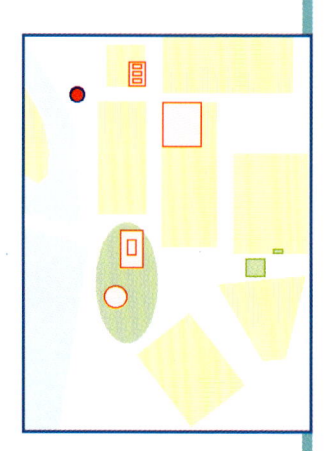

Die Schiffahrt auf dem Fluss erforderte besondere Schiffe. Die Waren wurden von den Schiffen, die fuer das grosse Meer geeignet waren, auf spezielle Schiffe fuer den Fluss namens *Caudicariae* umgeladen und so ins Landesinnere gebracht. (Diese Schiffe konnten das heutige Perugia erreichen.)
Da der Tiber nicht so tief wie das Meer ist, verwendete man diese Schiffe mit einem äusserst niedrigen Boden (der Kiel). Sie waren auch keine Segelschiffe, sondern wurden von Bueffeln, Rindern und manchmal sogar von Menschen gezogen. (Stell Dir vor, so hat man das bis zu Lebzeiten Deiner Ur-Urgrosseltern, d.h. bis zum Jahre 1800 gemacht; danach wurde der Dampfschlepper eingesetzt!)

DAS FORUM BOARIUM UND DIE TIBERINSEL 21

Der Tiber war so wichtig fuer den Ursprung Roms, dass er sogar "der Vater der Stadt" genannt wurde.

Er wurde von den ersten Bewohnern der sieben Huegel und deren Tieren als Wasserspender verwendet und diente auch als Nahrungsquelle, indem sie dort Fische fangen konnten.

Die Legende besagt, dass es der Tiber war, der die Zwillinge Romulus und Remus in ihren Körbchen aufgenommen hat und sie mittels der Schilfrohre gerettet hat.

Sicher ist, dass der Tiber damals ganz anders aussah als heutzutage. Versuche ihn Dir ohne Dämme, mit schlammigen Ufern und einer starken Strömung vorzustellen. Die Forscher nehmen an, dass entlang des Ufers, nahe des Kapitolhuegels, der erste Hafen von Rom entstand: der Tiberhafen.
Bis hierher kamen die Schiffe von der Tibermuendung aus mit ihren Waren und transportierten diese aus der ganzen Welt (soweit sie bekannt war) nach Rom.

Lassen wir nun aber den Hafen, die dort verankerten Schiffe, das ganze Durcheinander und Stimmengewirr eines solchen Ortes hinter uns und gehen am Forum Olitorio in Richtung Kapitol entlang. Am Fusse des Kapitols angelangt, siehst Du oben den Tarpejischen Felsen, jener Teil des Kapitols, der völlig angriffssicher war.

Mit etwas Fantasie können wir uns die mannigfaltige Masse und das Gedränge in diesem Bereich vorstellen. Denn dieser Teil Roms liegt dem antiken Hafen am nächsten, was zur Folge hatte, dass sich dort nicht nur Stadtbewohner auf den umliegenden Strassen, Märkten und Tempel aufhielten, sondern auch Ausländer, die mit den Schiffen aus aller Welt hier eingetroffen waren.

Die Gedenkstätte des Hl. Omobono:
die Tempel der Dea Fortuna (Gluecksgöttin) und der Mater Matuta

Am Fusse des Kapitols (in der Nähe der kleinen Kirche vom hl. Omobono) wurden im Jahre 1937 Reste von 2 Zwillingstempel, entdeckt. Einer war der Gluecksgöttin und der andere der *Mater Matuta* gewidmet. (Die *Mater Matuta* galt als Göttin und Schutzpatron des ersten Lichtes, d.h. der Geburt.)

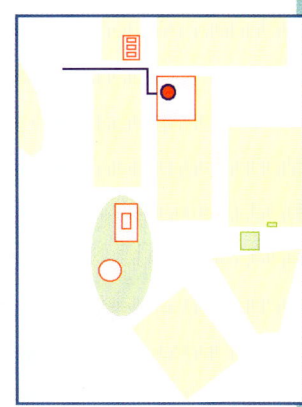

In dieser Gegend wurden auch Reste von Huetten bzw. Behausungen aus dem VII Jahrhundert a.C., von einem Altar und von Orten, wo man den Göttern Opfer darbrachte, gefunden.

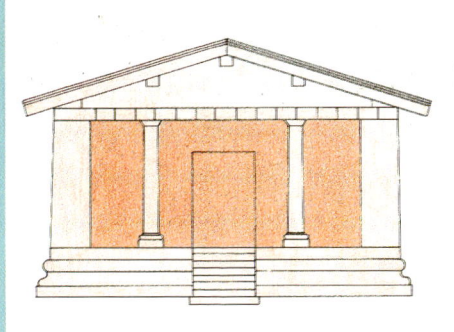

Der erste Tempel, der in diesem Gebiet erbaut wurde, geht auf die Zeit des Königs Servus Tullius (578-534 a.C.) zurueck.

Zu dieser Zeit baute man die Tempel mit rohen Ziegeln, Säulen aus Holz und die Verzierungen waren aus bunt bemaltem Lehm gemacht.

Im Jahre 509 a.C., nachdem die Römer den letzten König von Rom Tarquinius Superbus aus der Stadt verjagt hatten, wurden sämtliche heiligen Stätten und Heiligtuemer, welche mittlerweile beinahe zum Symbol der etruskischen Zeit geworden waren, völlig zerstört und abgerissen.

Erst während der republikanischen Zeit (circa 400 a.C.) wurden die Zwillingstempel, deren Reste wir heute noch bewundern können, errichtet.

DIE DREI TEMPEL DES FORUM OLITORIO

Wenn Du von Deinem jetzigen Standort auf die andere Strassenseite, ohne die Via del Teatro di Marcello dabei zu ueberqueren, hinueberschaust, siehst Du eine Kirche (S. Nicola in Carcere). Im Gemäuer dieser Kirche kannst Du noch die Säulen einer der drei Tempel deutlich erkennen. Diese drei Tempel wurden in republikanischer Zeit (circa 200 a.C.) errichtet und drei verschiedenen Göttlichkeiten gewidmet: Janus, Hoffnung *(Spes)* und Juno die Retterin *(Sospita)*.

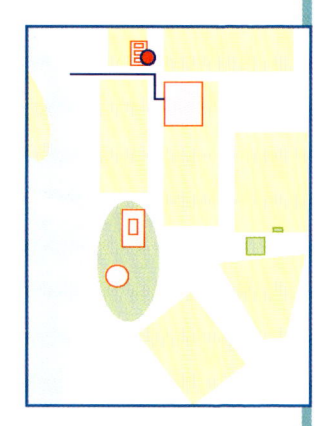

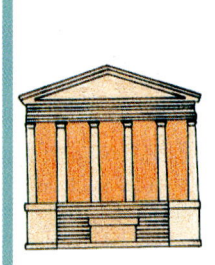

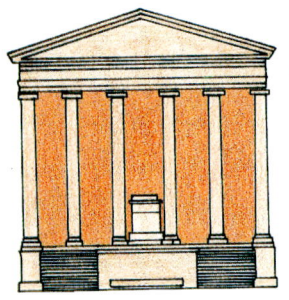

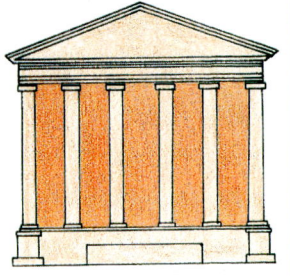

Vor diesen drei Tempeln befand sich das Forum Olitorio. Es bestand aus einem grossen, bepflasterten Platz wo der Huelsenfruechte- und Gemuesemarkt stattfand (im lateinischen sagt man zu Huelsenfruechten *holera* - von da stammt also der Name dieses Platzes).
Denn dies waren die meist gebrauchten und beliebtesten Lebensmittel in der volkstuemlichen, römischen Kueche.

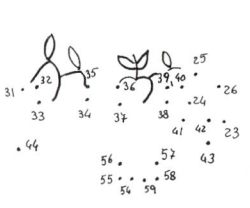

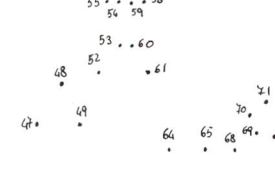

VERBINDE die Puenktchen von der Ziffer 1 bis 75

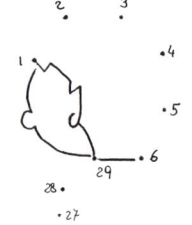

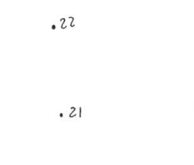

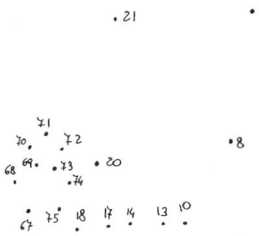

Das Velabrum

Laufe die Strasse Via Petroselli auf der Seite der S. Omobono entlang und bleibe links auf dem Parkplatz stehen.

Wir befinden uns nun im sog. Velabrum, einer sumpfigen, dicht mit Schilfrohr bewachsenen Fläche, die bis zum VI Jahrhundert a.C. von den Etruskern kultiviert wurde.

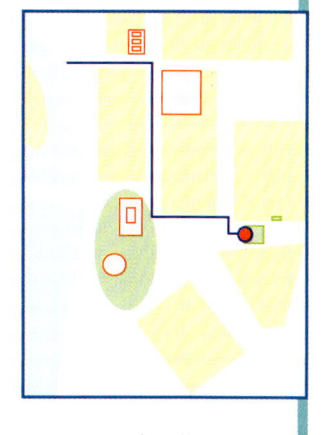

Im Altertum gab es keine Flussdämme und deshalb kam es oft vor, dass der Fluss leicht uebertrat und es zu Ueberschwemmungen kam.
Man sagt, dass genau von diesen Strömungen die Zwillinge Romulus und Remus in ihrem Korb in das Velabro-Gebiet angeschwemmt wurden.

Die Wölfin, die die Zwillinge rettete, soll in einer Höhle (die später Luperkalie genannt wurde) am Abhang des Palatins gehaust haben. Von dieser Luperkalie, dessen genaue Position man zumindest bis zur Augustusepoche gekannt haben muss, hat man heute jegliche Spur verloren.

Das grosse Denkmal auf diesem Platz hier, ist der Janusbogen (welcher urspruenglich wahrscheinlich dem Kaiser Constantin gewidmet war). Auffallend an diesem Bogen ist die Form. Man nennt diesen den Vierseitenbogen, weil man von allen vier Seiten eintreten kann.

Der Bogen der Argentarii

Wenn Du rund um den Janusbogen gehst, triffst Du auf den sogenannten Bogen der Argentarii, welcher aus der Kirchenstruktur der S.Giorgio al Velabro hervorragt.
Dieses Monument wurde der Familie des Septimius Severus seitens der "Argentarii"(Banker) und der dort arbeiteten, Rinderhändler, gewidmet.
Der Bogen wurde ungefähr um 204 p.C. erbaut.

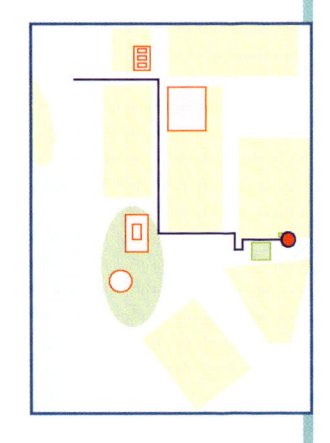

Sieh Dir den Bogen genau an; die Marmorverarbeitung ist mit einer Seidenspitze zu vergleichen. Diese Art von Feinarbeit konnte man damals nur dank eines besonderen Bohrers (welcher bis zum Ende des I. Jahrhunderts p.C. unbekannt war) durchfuehren und nur so konnte der Marmor bis ins kleinste Detail bearbeitet und gestaltet werden.

Man weiss nicht, weshalb man dieses Monument als Bogen bezeichnete, wo es sich doch eigentlich um eine Tuere handelt, und zwar die Eingangstuere zum Forum Boarium. Das antike Forum Boarium befand sich dort, wo heute der Platz des Wahrheitsmundes (Piazza della Bocca della Verità) und Umgebung liegen. Hier fand noch vor der Gruendungszeit Roms ein grosser Rindermarkt statt. Das Forum Boarium befand sich in der Nähe des Hafen Portus Tiberinus und genau an der Kreuzung der Strassen, die einerseits zum Forum Romanum und anderseits zum Kapitol fuehrten.
Aufgrund dieser guenstigen Lage war dieser Platz ein beliebter Treffpunkt von Ausländern, die so ueber den Tiber in das Herz der Hauptstadt gelangten.

RATE welche dieser Figuren einem Griechen, einem Ägypter, einem Karthager und einem Afrikaner entsprechen.

DER MUND DER WAHRHEIT
(LA BOCCA DELLA VERITÀ)

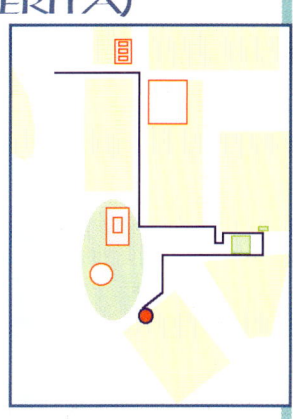

Betrete das Atrium der Kirche S. Maria in Cosmedin. Im römischen Zeitalter befand sich hier, anstatt der heutigen Kirche, ein imposanter Altar, welcher dem Herkules gewidmet war, der laut Legende genau hier seine Kuehe weiden liess.

Im Bogengang der Kirche kannst Du eine grosse Marmormaske sehen. Wahrscheinlich handelt es sich um einen Schachtdeckel der Cloaca maxima und stellt Ozean oder vielleicht die Meduse (Göttlichkeiten, die mit dem Wasser verbunden sind) dar. Die Cloaca maxima wurde von den Tarquinius Königen errichtet, um so dieses und andere sumpfige Gebiete der Stadt trockenzulegen. Die Kloake sammelte das gestaute Wasser und liess es in den Tiber abfliessen.

Die Marmormaske wird der "Mund der Wahrheit" genannt, weil der mittelalterlichen Legende nach man seine eigene Ehrlichkeit pruefen kann. Gibst Du nämlich deine Hand in den Mund der Maske und sprichst eine Luege aus, so wirst Du laut dieser Sage vom Mund gebissen.

Probier doch auch Du, aber Vorsicht, es ist Deine eigene Verantwortung!

UND NUN gib die Hand in die Öffnung und beantworte die Fragen:

1. Hast Du je ein ausserirdisches Wesen gesehen?
2. Schreibst Du nie die Hausaufgaben ab?  
3. Um wieviel Uhr weckst Du Deine Eltern Sonntag morgens auf?

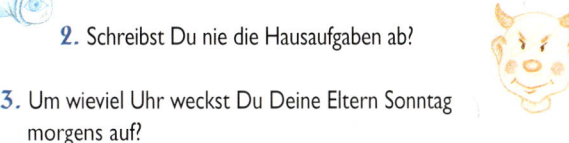

Ist Deine Hand ganz geblieben, kann ich Dir nur **GRATULIEREN.**

Die Tempel von Hercules Victor und Portunus

Wenn wir nun wieder in die Nähe des Tibers gehen, sehen wir zwei Tempel. Der runde Tempel ist dem *Hercules Victor* gewidmet und der viereckige dem *Portunus*.

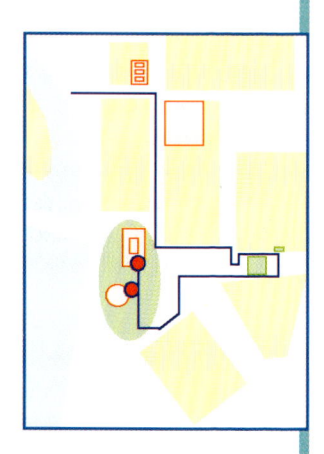

Der Herculestempel ist der älteste, noch erhaltene, römische Tempel in Marmor. In der Zeit seiner Herstellung (Ende des II. Jhd. a.C.) war der Marmor ein sehr teures Material, weil es noch nicht in Italien abgebaut wurde, sondern aus Griechenland importiert werden musste. So war es Marco Ottavio Erennio, ein reicher Ölhändler, der die Kosten fuer den Erbau dieses Tempels uebernahm und diesen dann Ercole Vincitore, dem Schutzherren der Ölerzeuger, widmen liess.

Der Tempel des *Portunus* ist ein typisches Beispiel eines römischen Tempels mit einer erhöhten Basis und einem frontalen Treppenaufgang. *Portunus* war der göttliche Schutzpatron der Häfen und deshalb befindet sich sein Tempel auch in der Nähe des Hafens am Tiber.

Sieh Dir die Unterschiede dieser zwei Kapitelle (so nennt man den oberen Teil einer Säule) von den beiden Tempeln genau an:

A) Jonisches Kapitell   B) Korinthisches Kapitell

DAS FORUM BOARIUM UND DIE TIBERINSEL 29

DIE TIBERINSEL

Die Tiberinsel ist die einzige Insel, die der Tiber beim Lauf durch die Stadt vorweisen kann.
Die Geschichte dieser Flussinsel wurde von den Römern mit verschiedenen Legenden bespickt.

So sagt man zum Beispiel, dass vor vielen vielen Jahren (509 a.C.) das römische Volk einen Aufstand organisierte, um den König Tarquinius Superbus zu verjagen.

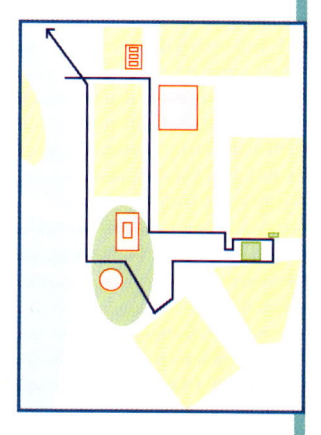

Während dieses grossen Aufstandes soll man sämtliches Getreide vom CAMPUS MARTIUS (dem Privatbesitz der königl. Familie) in den Fluss geschuettet haben und so mit der Entstehung der Insel den Anfang gemacht haben.

Eine weitere Legende, Jahrhunderte später (293 a.C.), spricht von einer schrecklichen Pestepidemie in der Stadt. Man beschloss, Boten ins entfernte Griechenland, nach Epidauros, zu senden. War dies doch die geweihte Stätte des Gottes der Medizin, des Äsculaps.
Als die römischen Boten ueber das Meer wieder zurueckkehrten, brachten sie die heilige Natter, Symbol des Äsculaps, mit.
Auf dem Weg in Richtung Rom, schon im Tiber angelangt, soll sich diese Natter vom Schiff losgelöst haben und bis zur Tiberinsel geschwommen sein. Dies war fuer alle ein Zeichen, dass Gott genau dort, auf dieser Insel, sich einen ihm gewidmeten Tempel wuenschte.
Und so geschah es auch. Der Bau des Tempels wurde im Jahr 289 a.C. beendet und rund um diesen Tempel entstand dann das Hospital der Fate-Bene-Fratelli.

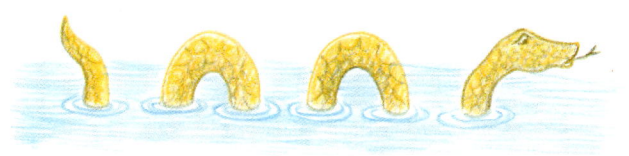

In den darauffolgenden Jahrhunderten entstanden auf der Insel andere kleine Wallfahrtsorte, aber ihre Funktion als Heilstätte ging trotzdem niemals verloren. Diese Funktion blieb der Insel auch im Mittelalter erhalten und auch heute noch legt sie mit einem grossen, modernen Hospital das Zeugnis einer Heilstätte ab.

Zwei Bruecken verbinden die Insel mit dem Festland: Ponte Cestio, welche völlig neu nachgebaut wurde und die Ponte Fabricio, die älteste Bruecke (62 a.C.) der Stadt, die ihren Namen nach ihrem Erbauer, Lucio Fabricio erhielt (dieser Name ist auch in den zwei grossen Bogen eingraviert).

In noch frueheren Zeiten war wahrscheinlich die Verbindung mit der Insel durch Holzbruecken oder vielleicht mittels einer Fähre gesichert.

Die ersten Bruecken wurden aus Holz gemacht. Dies war zwar ein leichtvergängliches Material, aber es hatte auch seine Vorteile:
Falls Feinde die Stadt anzugreifen versuchten, wurden die Bruecken abgebaut oder sogar verbrannt, um so die Stadt besser abzutrennen und besser verteidigen zu können (man kann dieses System in einem gewissen Sinn auch mit den mittelalterlichen Zugbruecken vergleichen).

Das Forum Boarium und die Tiberinsel 31

Gehen wir nun erstmals auf die Insel.
Auf der Seite, wo auch der Krankenhauseingang ist,
geht links eine Treppe hinunter, die zum Tiberufer fuehrt.
Dies ist ein lustiger und interessanter Rundgang,
doch ist es ratsam sich von Erwachsenen begleiten
zu lassen und Eure kleinen Geschwister nicht
mitzunehmen.

Wie Du beobachten kannst,
hat die Insel die Form eines
Schiffes und wenn Du auf die
rechte Seite gehst, siehst Du
den "Bug", welchen die Römer
aus Stein schlagen liessen.

Geh nur rechterhand weiter, bis Du
unter der Fabricio-Bruecke durchgehst.
Kurz danach kannst Du den in Stein
eingeschlagenen, heiligen Äsculapstock
mit der Schlange und einen Stierkopf
sehen. Der Stierkopf war nicht nur als
Dekoration gedacht, sondern diente
auch dem Festmachen der Schiffe.

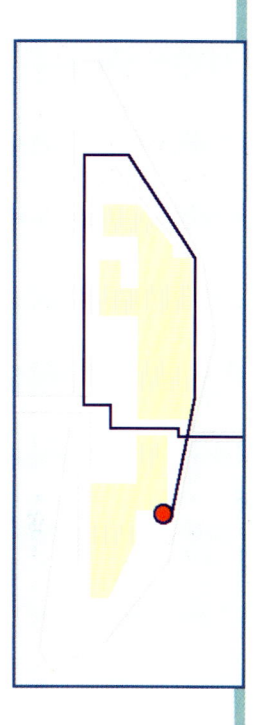

Gehen wir nun weiter bis wir zur "Brust" der Insel
gelangen. Von dort aus können wir die Ueberreste von der
von den Römern sogenannten "zerstörten Bruecke"
betrachten.

Diese Bruecke wurde im Jahre 179 a.C. erbaut und später
mehrmals restauriert. Dies war auf Grund der starken
Strömung sehr notwendig, denn keine Bruecke hätte eben
dieser Strömung lange standgehalten.

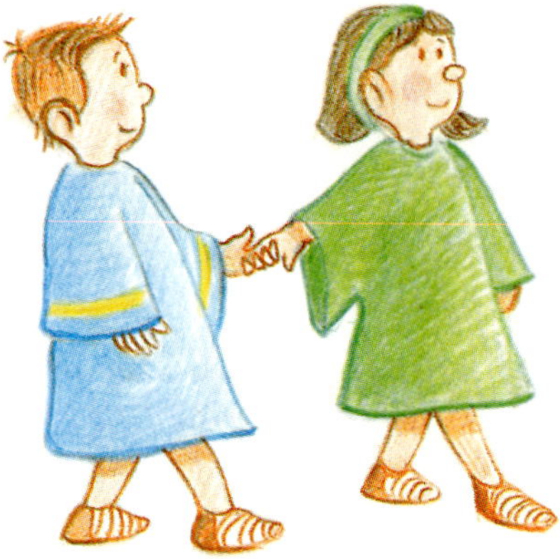

DAS KAPITOL

Via del Teatro Marcello (Piazza Aracöli)

Piazza SS. Apostoli (tel. 6782622)
Piazza San Silvestro (tel. 6793183)

Der Besichtigungsrundgang wird ausschliesslich im Freien durchgefuehrt.

Die Besichtigung dauert ungefähr 1 Stunde

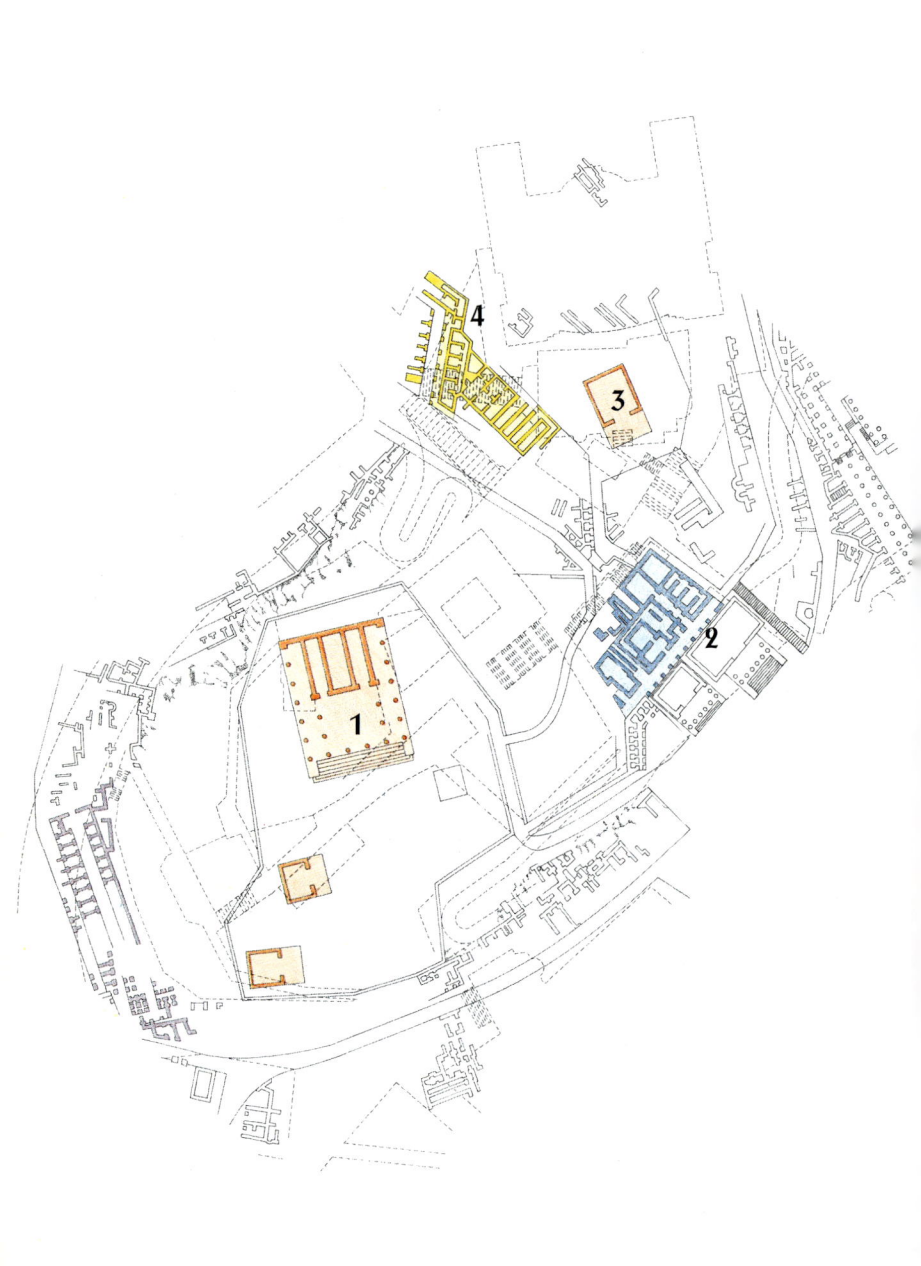

- 1. Tempel des Jupiter Capitolinus
- 2. Tabularium
- 3. Tempel des Juno Moneta
- 4. Insula

Das Kapitol

Von den sieben Huegeln, die ja später alle Teile der Stadt wurden, ist der Huegel des Kapitols jener Huegel, den man am leichtesten verteidigen konnte. Er ist von unerreichbaren Felsen umrungen und liegt in einer relativ guten Lage, nahe des Tibers. Der Huegel wurde bereits zu fruehesten Zeiten bewohnt (XIV-XII a.C.), aber trotzdem hat Romulus ihn nicht als seinen Wohn- und Regierungssitz auserwählt, sondern entschied sich fuer den Palatin. Das Kapitol wurde aber schon sehr bald Teil der Stadt. Man sagt, dass Romulus auf dem Kapitol das *Asylum* bauen liess. Dort konnten alle, von anderen Volksstämmen verbannten Menschen ihren sicheren Unterschlupf finden.

Das Kapitol hatte eine eigenartige Form mit zwei Spitzen, die von einem Talkessel getrennt waren.
Die erste Huegelspitze war das *Capitolium* (rechterhand des heutiges Platzes), in der Mitte lag das *Asylum* und linkerhand das *Arx*, wo heute die Kirche Santa Maria in Aracöli steht. Auf dem Arx war das Militärkommando eingerichtet, denn diese Seite des Kapitolhuegels war mit dem Huegel des Quirinals verbunden. Auf dem Quirinalhuegel hatten sich in fruehen Zeiten die Sabiner, grosse Feinde der Römer, niedergelassen und den Huegel besetzt.
Wir muessen uns also viele Auseinandersetzungen zwischen diesen 2 Heeren und Huegeln vorstellen. Die Sabiner uebernahmen auch in einer gewissen Periode die Kontrolle ueber das Kapitol. Die Legende sagt, dass dieser Sieg ueber die Römer durch einen Verrat der Römerin Tarpeja möglich war. Sie soll angeblich den Feinden, also den Sabinern, die Tore des Kapitols geöffnet haben.

All diese Legenden kannst Du im Kapitel "Geschichte und Legenden" genauer nachlesen.

DAS KAPITOL

Einst stand hier ein einziger grosser Huegel; heute aber sehen wir 2 separate Huegel(es fuehrt hier die Strasse Via dei Fori durch).
Sie wurden vom Kaiser Trajan getrennt, denn er liess dort das grossartige Forum errichten. Er liess den Huegel "durchschneiden" und errichtete als Zeugnis dieses Abbaues eine Säule, die in der Höhe genau der Tiefe dieses Abbaues entsprach.

Das wichtigste Ereignis in der Geschichte des Huegels ist die Errichtung der grossartigen Tempel von Jupiter, Juno und Minerva (die kapitolinische Dreiheit). Zur Zeit der Etrusker war das Kapitol das religiöse Zentrum der Stadt.

Mit dem Kapitolshuegel verbindet uns eine weitere, dramatische Geschichte in der republikanischen Zeit Roms, und zwar die lange Belagerung seitens der Gallier von Brenno im Jahre 390 a.C. Die Legende sagt, dass diese Belagerung kein grosser Erfolg gewesen sei, dank der beruehmten Kapitolinischen Gänse. Aber darueber kannst Du später im Kapitel "Geschichte und Legenden" Genaueres nachlesen.

Dieser Huegel war auch in den späteren Jahrhunderten der religiöse Mittelpunkt des grossen Roms.

Insula

Bevor wir uns den Kapitolsplatz näher ansehen, solltest Du am Fuss der Stiege stehenbleiben und nach links blicken.

Hier kannst Du die Reste einer "Insula", d.h. eines mehrstöckigen Wohngebäudes (von da stammt die italienische Bezeichnung "isolato", Häuserblock) sehen, welches in viele Wohnungen unterteilt ist.

Die reicheren Familien in Rom lebten in Einfamilienhäusern, den sogenannten *domus*, währenddessen die ärmeren Familien eben in den oben beschriebenen grossen Wohnhäusern lebten und fuer die Wohnung eine Miete bezahlen mussten.

Im Erdgeschoss dieser Wohnhäuser befanden sich kleine Läden, während die oberen Stockwerke in Wohnungen eingeteilt waren. Die Wohnungen in den oberen Stockwerken waren die kleinsten und unbequemsten Wohnungen. Natuerlich gab es damals keine Aufzuege und es war sehr muehsam in die oberen Stockwerke zu gelangen. Aus all diesen Gruenden musste man fuer die hoch gelegenen Wohnungen weniger Miete bezahlen.

Neben den prachtvollen öffentlichen Gebäuden und den reichen Einfamilienhäusern - *domus* - gab es natuerlich auch viele *insulä* wie solche, bei denen manchmal bis zu 400 Menschen unter einem Dach lebten. Oft waren dies wacklige und vielstöckige Gebäude mit winzig kleinen und ueberfuellten Räumen, wo ständig enorm hohe Brand- und Zusammenbruchgefahr herrschte.

DAS KAPITOL

DER PLATZ DES KAPITOLS:
DAS ANTIKE ASYLUM

Gehe den grossen Treppenaufgang bis zum Kapitolplatz hinauf.
Nun befindest Du Dich im Zentrum des politischen Lebens der Stadt (im Gebäude gegenueber der Treppe hat die Gemeinde Rom ihren Sitz) und zugleich auch auf einem der schönsten Plätze der Welt.
Der Platz wurde von Michelangelo (in der ersten Hälfte des 15. Jrhd.), einem der grössten und wichtigsten Kuenstler aller Zeiten, gestaltet.

Auf der Bruestung am oberen Ende der Treppe kannst Du die beiden Statuen von Kastor und Pollux bewundern. Sie waren die bekannten Zwillingssöhne von Jupiter.

Auf der Seite der "Kastorenstatue" sieht man zwei eigenartige Relief-Skulpturen, die die eroberten Waffen der besiegten Feinde darstellen: die sogenannten Trophäen von Mario. Daneben befinden sich die Statuen des Kaisers Constantin und seines Sohnes Costante II. und weiters 2 Meilensäulen (man wollte damit die Entfernung nach Rom bemessen), die in der Via Appia gefunden wurden.

In der Mitte des Platzes befindet sich der Piedestal (Sockel) der bekannten Statue des Kaisers Mark Aurel, welcher gerade restauriert wird.
Direkt am Gemeindeamt Roms können wir die Statuen der Göttin Roma in rotem Kleid und die Statue des Nils (man erkennt sie an der Sphinx) und jene des Tibers mit der Wölfin und den Zwillingen sehen.
All diese monumentalen Skulpturen auf dem Platz und der Bruestung befanden sich zu römischen Zeiten nicht hier. Sie wurden erst viele Jahrhunderte später auf diesen Platz gebracht, um das Kapitol so zu verschönern.

Mark Aurel

Kapitolinischer Jupitertempel

Im Neuen Kapitolinischen Museum (auf der rechten Seite des Platzes) kann man die Ueberreste des grossartigen Jupitertempels, welcher auch der Juno und Minerva gewidmet war, besichtigen. Der Bau des Tempels wurde von König Tarquinius Priscus begonnen und später von Tarquinius Superbus fortgesetzt und in den Jahren der Republik dann eingeweiht. Dieser Tempel war der wichtigste Tempel der Stadt und seine Grösse sollte die Macht des römischen Staates zum Ausdruck bringen.

Das Gebäude wurde immer wieder durch Brände zerstört, doch baute man den Tempel unermuedlich mit neuerem und besserem Material und schöneren Skulpturen wieder auf.

Vor dem Tempel befand sich ein grosser Platz, genannt "Area Capitolina", wo man im Laufe der Jahrhunderte unzählige viele kleine Bauten, Monumente, Säulen, Statuen und Siegesdenkmäler hingestellt hatte. Du musst dabei bedenken, dass es fuer einen ausländischen Herrscher eine grosse Ehre bedeutete, wenn er zum grössten und wichtigsten Tempel des gesamten Reiches ein Geschenk, auch in Form einer wertvollen Statue, bringen durfte.

DAS KAPITOL

DER TEMPEL DES JUNO MONETA

Auf dem anderen Huegel, dem Arx , stand einmal ein Tempel, der dem Juno Moneta (Giunone Moneta) geweiht war. Dieser Tempel stammt aus dem Jahr 343 a.C. und heute kannst Du noch die wenigen Reste davon im Garten der Basilika S. Maria in Aracöli besichtigen.
Hier war auch der Sitz der staatlichen Muenzprägestelle, also jener Ort, wo man die Muenzen prägen liess.

BEMALE jeden Raum nach der vorgegebenen Farbvorlage.

42 KINDER AUF ENTDECKUNGSREISE IM ANTIKEN ROM

DAS FORUM ROMANUM

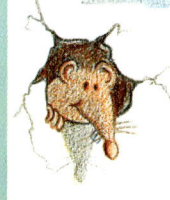

Via dei Fori Imperiali
(Largo Romolo e Remo) Tel. 6990110

Wochentag: von 9 Uhr bis zum Sonnenuntergang
Sonn- und Feiertag: von 9 bis 13 Uhr
Geschlossen am: 1. Mai, 25. Dezember, 1. Jänner

Fuer alle Besucher unter 18 und ueber 60 Jahren ist der Eintritt kostenlos.

Via dei SS. Quattro (Tel. 7002504)
Piazza SS. Apostoli (Tel. 6782622)
Piazza San Silvestro (Tel. 6793183)

Das archäologische Besichtigungsgebiet ist zur Gänze im Freien und es ist daher ratsam das Schönwetter auszunuetzen. Spätaufsteher muessen mit Wartezeiten an der Kasse rechnen.

Besichtigungsdauer: ca. 2-3 Stunden

44 KINDER AUF ENTDECKUNGSREISE IM ANTIKEN ROM

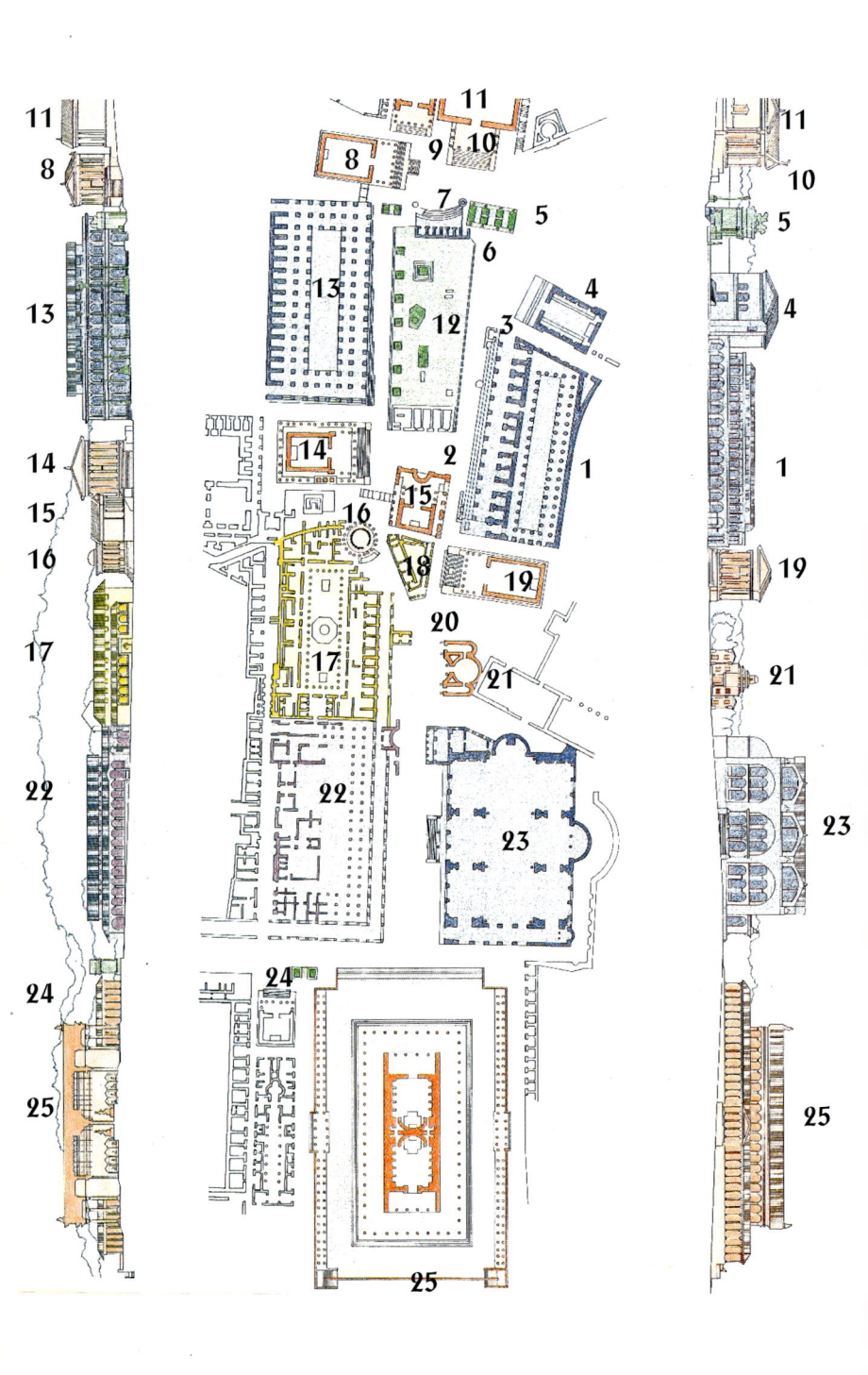

Das Forum Romanum

45

- 1. Basilica Ämilia
- 2. Via Sacra
- 3. Comitium
- 4. Kurie
- 5. Septimius-Severus-Bogen
- 6. Lapis Niger
- 7. Rostra
- 8. Saturntempel
- 9. Vespasian- und Titus-Tempel
- 10. Concordiatempel
- 11. Tabularium
- 12. Zentrum des Forum
- 13. Basilica Julia
- 14. Kastorentempel
- 15. Tempel des Divus Julius
- 16. Vestatempel
- 17. Haus der Vestalinnen
- 18. Regia
- 19. Tempel des Antoninus und der Faustina
- 20. Archaisches Gräberfeld
- 21. Romulustempel
- 22. Östlicher Teil des Forum
- 23. Maxentius-Basilika
- 24. Titusbogen
- 25. Tempel der Venus und der Roma

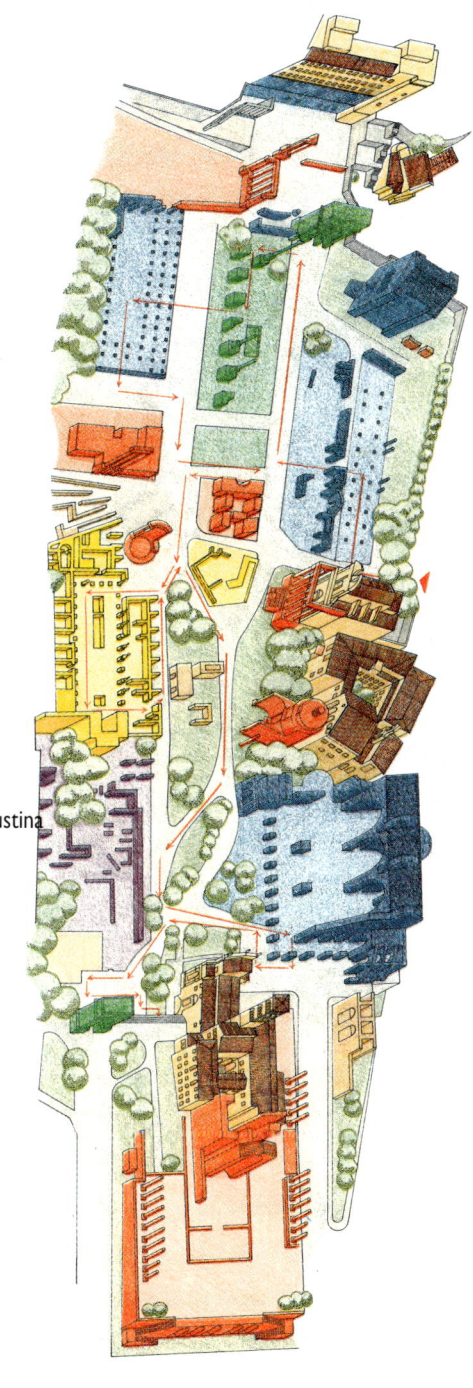

Vor langer, langer Zeit, als die Stadt Rom noch nicht existierte, lebten die wenigen und sehr primitiven Bewohner (sie waren Hirten) der Gegend in Huetten auf den Huegelspitzen in der Nähe des Tibers.

Sie stiegen ins Tal hinab um Wasser zu holen, um das Vieh weiden zu lassen, um im Fluss fischen zu gehen und dort ihre verstorbenen Angehörigen zu begraben, denn die Friedhöfe befanden sich ausserhalb der Wohnsiedlungen.

DIE ENTSTEHUNG DER NEUEN STADT

Als Romolus die neue Stadt gruendete, liess er eine Mauer und einen Graben rund um den Huegel Palatin errichten und schloss dabei das Tal völlig aus. Niemand wollte nämlich in einem sumpfigen, mit Muecken ueberfuellten Tal leben, welches obendrein auch schwirig zu verteidigen gewesen wäre.

Trotzdem wurde das Tal von den Römern häufig aufgesucht, denn dort war der Markt beherbergt. Man traf dort die Bewohner der umliegenden Huegel, tauschte mit ihnen das Vieh und die Fische aus, plauderte ein wenig miteinander und nahm auch an den religiösen Festen teil. Manchmal kam es auch zu Streit und Kämpfen, aber nach und nach lernten die Menschen friedlich miteinander zu leben und die Huegel wuchsen zusammen und es entstand eine einzige Stadt.

DAS FORUM ROMANUM

Man sagt, es sei Tarquinius Priscus, der fuenfte König Roms gewesen, der das Tal trockengelegt hat, indem er einen grossen Kanal, die Cloaca maxima erbauen liess. Diese Cloaca Maxima sammelte das stehende Wasser und liess es in den Tiber abfliessen.

Das Tal wurde das Forum genannt, weil es ausserhalb der bewohnten Siedlungen lag.

DAS FORUM ROMANUM

ES LEBE DIE REPUBLIK

Nachdem man den letzten König verjagt hatte, riefen die Römer die Republik aus und setzten mit den Landeroberungen fort.

Das Forum blieb weiterhin der politische, administrative und religiöse Mittelpunkt der Stadt. Rom wurde eine immer wichtigere, reichere und mächtigere Stadt.

Rund um den Platz wurden mehrere Verwaltungsgebäude gebaut und manche Familien errichteten dort ihre Wohnhäuser.

ROM ALS HAUPTSTADT

Nach und nach wurde Rom zur Hauptstadt eines enorm grossen Reiches und das Forum war in seinem grössten Prunk und Glanz zu erleben. Prachtvolle und elegante Bauten entstanden in dieser Zeit und jeder Spaziergänger konnte an der Eleganz und am Prunk erkennen, wie mächtig Rom geworden war und wie reich seine Herrscher sein mussten.

Und Menschen gab es damals viele! Allein in Rom lebten mehr als eine Million Menschen und zusätzlich kamen viele Ausländer in die Stadt.

Als das Römische Reich immer mehr an Macht verlor, wurde auch das Forum weniger verwendet. Die mittlerweile verlassenen Gebäude wurden ausgepluendert und das Material wurde fuer andere Bauten wiederverwendet.

Auf den Ruinen und Steinhaufen sammelte sich Erde an und schon bald wuchs Gras darueber; jener Ort, der Jahrhunderte hindurch die mächtigste Stadt der Welt gewesen war, wurde nun zum Weideplatz fuer Kuehe. Daher stammt auch die Bezeichnung "Kuhweide" (Ital. Campo Vaccino - "Vacche" heisst auf italienisch Kuehe).

Natuerlich konnte ein so grosser historischer, artistischer und kultureller Reichtum nicht fuer ewig unter der Erde vergraben bleiben! In den letzten zweihundert Jahren gruben Archäologen diese Gegend aus und brachten so das Forum Romanum, welches wir heute besichtigen können, an die Erdoberfläche.

DAS FORUM ROMANUM 49

Nun beginnen wir aber mit der Besichtigung des Forum Romanum.
Versuche Dir das ganze Areal so vorzustellen, wie es zur Zeit der Römer in seinem ganzen Prunk wirklich war.

Das Forum war immer sehr mit Menschen ueberfuellt.
Politiker kamen hierher, um an Versammlungen teilzunehmen, Reden zu halten oder einfach nur um sich beim Volk zu zeigen.

Amtspersonen verwalteten hier das Rechtssystem und die städtischen Dienstleistungen, die Händler machten hier ihre Geschäfte, die Priester kuemmerten sich um die religiösen Angelegenheiten und das Volk kam, um am Markt einzukaufen.
Bedenke, dass es damals kein Fernsehen, kein Radio und keine Zeitung gab. Wenn man also wissen wollte wie zB. kriegerische Auseinandersetzungen ausgegangen sind, oder welche neuen Gesetze erlassen wurden oder wer diesen und jenen Prozess gewonnen hat, der musste in das Forum kommen und sich dort nach den Neuigkeiten erkundigen.

BASILICA ÄMILIA

Gleich am Forumeingang siehst Du rechts an der kleinen Strasse das erste Gebäude, eben die Basilica Ämilia.

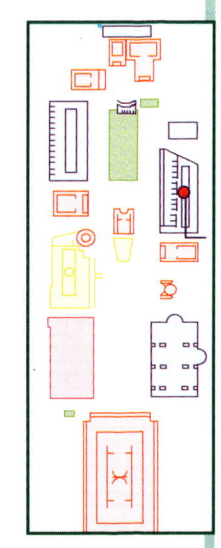

Die Basilika wurde im Jahre 179 a.C. von Ämilius Lepidus und Fulvius Nobilior errichtet.
Sie wurde auf den Grundsteinen einer noch älteren Basilika erbaut und zuletzt in der Zeit des Kaisers Augustus neu renoviert.

Die Römer bauten diese Basiliken, um an Regentagen unter einem Dach ihre Geschäfte abschliessen zu können und um Prozesse im "Trockenen" abwickeln zu können. Sie galten als Ersatz fuer den grossen Platz im Forum.

Wie Du sehen kannst, ist die Basilika so gross wie ein Platz.

Das Forum Romanum

51

Am Boden kannst Du noch die Reste der Säulen erkennen, die als Stuetzen dienten. Wenn Du genau hinsiehst, kannst Du auch an der linken Mauer noch Reste der wunderschönen Marmorverkleidung erkennen.

Die Mauern waren auch mit Reliefen verkleidet.
Eines dieser Reliefe kannst Du in der Ecke unter den Bäumen sehen.

Man kann daran eine Szene aus der Legende "Raub der Sabinerinnen" erkennen (ueber diese Legende sprechen wir im Kapitel "Geschichte und Legenden" später noch).

Wenn Du nun aus der Basilika ins Freie gehst, kannst Du rechts und links die Ueberreste der sog. *tabernae* (Läden) sehen.
Sie waren unter den Bögen eingerichtet und beherbergten hauptsächlich Wechselstuben und Geschäftsräume fuer Bankiers.

Die Via Sacra
(die heilige Strasse)

Nun befinden wir uns auf den Resten einer antiken, aber noch deutlich erkennbaren Strasse: die Via Sacra -die Hauptstrasse des Forums.

Auf dieser Strasse fanden alle Arten von Umzuegen statt und das römische Volk nahm mit grosser Begeisterung daran teil.

Der eindrucksvollste Umzug war der Siegeszug! Hat ein Feldherr Siege in einem Krieg erreicht, konnte er offiziell vom Senat einen Triumphzug verlangen. Natuerlich erhielten nicht alle "Sieger" eine so hohe Anerkennung: Nur wenn mindestens 5000 feindliche Soldaten getötet und neue Gebiete erobert worden waren, hatte man das Recht auf einen solchen Triumphzug!

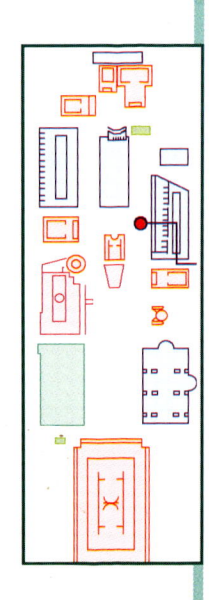

A

Der Triumphzug bestand aus einer grandiosen Prozession, die auf der Via Sacra durch die ganze Stadt bis zum Jupitertempel und zum Kapitol verlief. Am Kapitol wurden dann den Göttern Dankesopfer dargebracht.

Angefuehrt wurde der Zug von den wichtigsten staatlichen Persönlichkeiten, dann kamen die Musikanten und zuletzt konnte man die Kriegsbeute bewundern. Jeder konnte die eroberten Schätze, wie Waffen, Wertstuecke, ja sogar exotische Tiere betrachten. Auch die Gefangenen wurden an Ketten durch die Stadt gefuehrt.

B

Das Forum Romanum

53

Dann erschien der erfolgreiche Feldherr auf einem vergoldeten Wagen, der von 4 weissen Pferden gezogen wurde. Er wurde mit Rufen und Siegesgebruell von der ganzen Menschenversammlung gefeiert.

Zuletzt waren die römischen Soldaten, die am Krieg teilgenommen hatten, an der Reihe. Sie waren gluecklich ueber den Sieg, aber vorallem ueber die Belohnung, die auf sie wartete und sangen, schrien und scherzten ausgelassen vor sich hin!

Als Abschluss des Umzuges wurde vor allen Anwesenden der feindliche Anfuehrer getötet. Anlässlich des Triumpfzuges von Julius Cäsar wurde z.B. der Heerfuehrer der Gallier Vercingetorix, umgebracht.

SCHAFFST du es nun die genaue Reihenfolge eines Triumphzuges festzulegen?

Das Comitium

Gehst Du nun die Via Sacra weiter bis zum Septimius- Severus Bogen und an der Basilica Ämilia vorbei, kommst Du vor die sog. Kurie.

Dies war bis zur Zeit Cäsars der politische und gerichtliche Mittelpunkt der Stadt - das Comitium.
Zuerst hat Cäsar, später auch Augustus die Platzanordnung geändert, indem sie manche Gebäude versetzten und neue Gebäude bauen liessen. So entstand die neue Kurie, die Du heute besichtigen kannst.

Dies ist ein wirklich wichtiger Platz, denn hier wurden Volksversammlungen (Komitien) abgehalten. Wichtige Entscheidungen bezueglich des Staates und fuer die Einwohner wurden hier getroffen und man diskutierte ueber diese Gesetze.

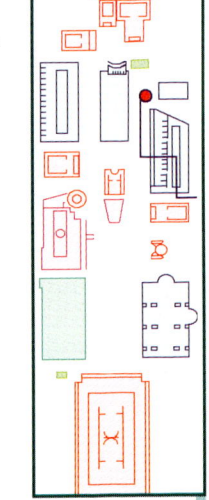

Auf einer Seite befand sich die Tribuene, von der aus die Redner sprachen, sowie ein eigens fuer die ausländischen Botschafter vorgesehener Platz. Rundherum waren wahrscheinlich Stufen aus Holz als Sitzgelegenheit fuer die Zuhörer aufgestellt.

Die Entscheidungen mussten im gemeinsamen Einverständnis zwischen dem Volk (es versammelte sich im Comitium) und dem Senat (er versammelte sich in der naheliegenden Kurie) getroffen werden. Aus diesem Grund war es sehr wichtig, dass Comitium und Kurie nicht weit voneinander entfernt waren. Dieser Teil des Forums war somit das politische Herz und Zentrum der Stadt Rom, aber lange Zeit hindurch auch das politische Zentrum der ganzen damaligen Welt.

Auch heute nennt man es ein *Comitium*, wenn ein Politiker von einer Tribuene zu Leuten spricht.

Das Forum Romanum 55

Die Kurie

Diese Kurie wurde von Julius Cäsar begonnen zu bauen und im Jahre 29 a.C. von Augustus fertiggestellt. Sie ersetzte die alte Kurie Cornelia.
Im VII Jahrhundert p.C. wurde sie zu einer Kirche umgestaltet.

Die Kurie war das offizielle Sitzungsgebäude des römischen Senats. An den Längswänden sassen die 300 Senatoren und zu deren Fuessen hatte der Redner seinen Platz.

Der Senat verfuegte ueber die grösste politische Macht und nur alte und erfahrene Personen konnten zu Senatoren gewählt werden. Der Name "Senator" kommt aus dem Lateinischen "*senes*" und bedeutet "alt".

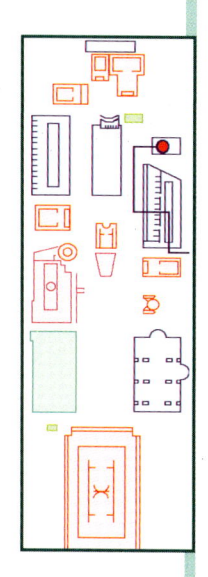

Suche hier alle Gegenstände heraus, die zu römischen Zeiten bestimmt nicht existierten.

Beachte wie hoch die Decke ist! Die hohen Räume verhalfen zu einer besseren Akustik und die Redner konnten besser gehoert werden (damals gab es noch keine Mikrofone). Im Inneren der Kurie kannst Du zwei grosse Reliefs, die man im Zentrum des Forum gefunden hat, sehen. Sie stellen Szenen aus der Zeit des Kaisers Trajan dar und werden die Trajans Anaglypha genannt.

Der Septimius Severus Bogen

Wenn Du die Kurie rechter Hand verlässt, gelangt man zum Septimius - Severus Bogen aus dem Jahre 203 a.C.
Der Bogen wurde zu Ehren des Septimius Severus und seiner Söhne Caracalla und Geta erbaut. Man wollte damit den Sieg ueber die Parther und die damit verbundene Ausdehnung des Römischen Reiches feiern. Die Reliefe, die den Bogen verschönern, stellen manche Episoden aus diesem Krieg dar.

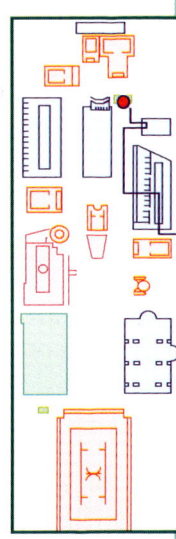

Als Septimius Severus starb, tötete Caracalla seinen Bruder, damit er selbst neuer Herrscher werden konnte. Caracalla liess von allen Denkmälern den Namen Geta wegnehmen, um das Volk diesen Namen vergessen zu lassen.

Wahr ist, dass Geta nicht in die Geschichte einging, aber wahr ist es auch, dass Caracalla nur als der grausamste und verrueckteste aller Herrscher zu römischen Zeiten in die Geschichte einging. Wahrscheinlich wurde er nur von Nero an Grausamkeit uebertroffen!

Portrait von Caracalla (was fuer ein grausamer Blick!)

DER LAPIS NIGER

Genau vor dem Bogen kannst Du ein kleines, mit Marmorsteinen eingezäuntes Areal sehen, dessen Boden mit grossen schwarzen Steinen gepflastert ist. Wir sind nun am sog. Lapis Niger angelangt. Der Name stammt aus der lateinischen Sprache und bedeutet "Schwarzer Stein".

Als die Archäologen in dieser Gegend des Forums gruben, bemerkten sie mit grosser Verwunderung, dass die Bodenpflasterung an dieser Stelle aufhörte, so als ob man damit einen heiligen Ort schuetzen und respektieren wollte.

WAS ENTDECKTEN SIE?

Unter den Steinen fand man einen kleinen Raum mit einem Altar und daneben einen Stein. Auf diesem Stein ist eine Inschrift in einer ganz alten Sprache zu lesen. Es ist ein Fluch der jedem die Schändung dieses heiligen Ortes abrät. Es handelt sich hier um die älteste lateinische Inschrift (VI Jahrhundert a.C.), die jemals gefunden wurde. Sie erzählt auch von einem König und man nimmt an, dass es sich hier um eine dem Romulus geweihte Stätte handelt. Romulus war ja der erste König von Rom und vielleicht ist dies hier seine Grabstätte.

Wir können heute nur den Treppenabgang besichtigen; leider ist der Eintritt verboten, denn zu viele Touristen wuerden diesen wahrscheinlich ältesten Kultort von Rom, zerstören.

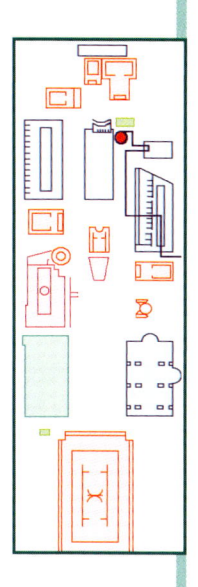

Die Rostra

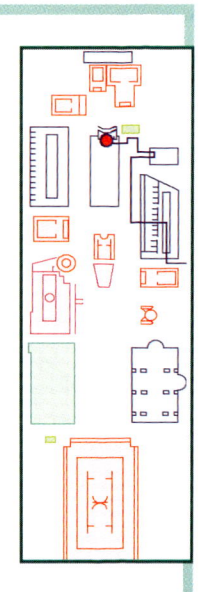

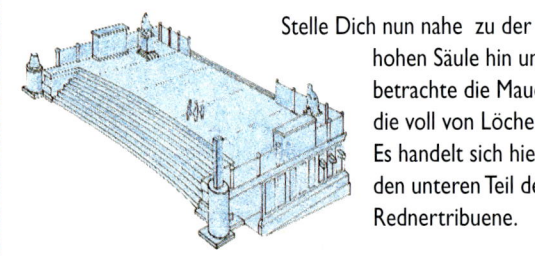

Stelle Dich nun nahe zu der hohen Säule hin und betrachte die Mauer, die voll von Löchern ist. Es handelt sich hier um den unteren Teil der Rednertribuene.

Als Julius Cäsar diese Tribune neu errichten liess, wurden ab nun die Volksversammlungen auf dem grossen Platz hinter Dir abgehalten. Der Redner stand auf der Tribuene und das Volk hörte von unten zu.

Rechts und links der Rednertribuene standen zwei kleine, aber sehr wichtige Monumente. Auf einer Seite stand der goldene Meilenstein - *Miliarium Aureum* - und auf der anderen Seite der *Umbilicus Urbis* (der Nabel) der, wie der Name besagt, das Zentrum der Stadt darstellen sollte.

Auf der kleinen Säule, der *Miliarium Aureum* hingegen, konnte man die Entfernungen von Rom zu anderen damals wichtigen Städten ablesen. Die Römer berechneten die Entfernungen in Meilen und natuerlich wurden diese Entfernungen vom "Nabel" der Stadt, das heisst, von jenem Ort, den sie als Zentrum der Welt betrachteten, berechnet!

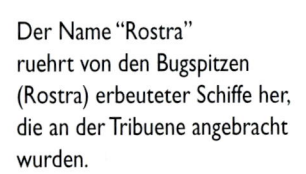

Der Name "Rostra" ruehrt von den Bugspitzen (Rostra) erbeuteter Schiffe her, die an der Tribuene angebracht wurden.

DAS FORUM ROMANUM

DER SATURNTEMPEL

Hinter der Rednertribuene kannst Du Ueberreste einiger Tempel betrachten. Die 8 Säulen aus grauem Granit gehören zum Saturntempel. Man nimmt an, dass er zur Zeit der Könige erbaut wurde, wenn er auch erst viel später, vielleicht im Jahre 498 a.C. eingeweiht wurde; das Gebäude wurde 42 a.C. völlig neu gebaut und später immer wieder restauriert.

Der Tempel ist von besonderer Wichtigkeit, denn die Römer bewahrten hier ihr Ärar, das heisst ihr Staatsvermögen auf.

Am 17. Dezember feierte man die Saturnalien, eines der wichtigsten religiösen Feste der Römer.
Stell Dir vor, dieses Fest dauerte 3 Tage lang und in diesen Tagen waren es die Herren, die die eigentlichen Diener bedienen mussten und die auch Befehle von den Dienern erhalten konnten. Aber Achtung - nur nicht uebertreiben! Mit dem Ende des Festes, wurde auch dem Rollenwechselspiel ein Ende gesetzt. Hatte ein Diener zu stark uebertrieben, wurde es ihm nun heimgezahlt.

Der Vespasian und Titus Tempel

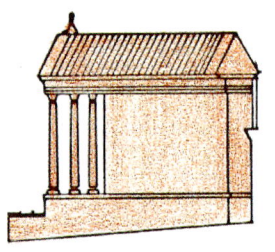

Hinter der Rednerbuehne kannst Du noch 3 Säulen eines anderen Tempels sehen: der Vesapsian- und Titus Tempel.

Die Kaiser der Flavierdynastie (Vespasian, Titus und Domitian) liebten die Architektur. Sie waren es auch, die spektakuläre Bauten wie das Kolosseum und die grossen Paläste am Palatin errichten liessen.

WELCHES dieser Kinder wuerdest Du der Flavierdynastie zuordnen?

DAS FORUM ROMANUM

DER CONCORDIATEMPEL

Rechterhand, neben dem Vespasian- und Titustempel stand frueher noch ein weiterer Tempel, von dem heute nur noch das Fundament zu sehen ist: der Concordiatempel. Seine Errichtung begann im Jahre 367 a.C.

Dieser Tempel wurde erstellt, um dort das Ende von Kämpfen zwischen Patriziern (Adeligen) und Plebejern (das Volk) zu feiern. Der Name Concordia bedeutet nämlich "Friede".

Viele Jahre später verschönerte (7-10 p.C.) der Kaiser Tiberius den Tempel mit der Kriegsbeute (Statuen, Marmorgegenstände und andere wertvolle Objekte) nach gewonnen Kriegen gegen die Germanen. Von diesem Zeitpunkt an wurde der Concordiatempel eine Art Museum mit zahlreichen ausgestellten Kunststuecken.

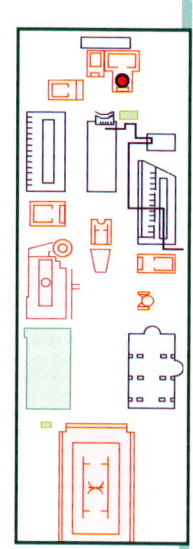

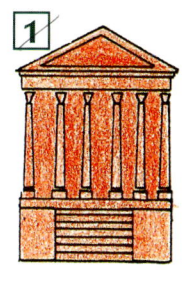

| 1 S | 2 | 3 B | 4 | 5 | 6 g | 7 y | 8 | 9 H |

1. (Tempel)
2 e 5. (Auge)
4 e 8. (Uhr)
3. (Baum)
6. (Römer)
7. (Igel)
9. (Münze)

SCHREIBE den Anfangsbuchstaben der aufgezeichneten Figuren in das jeweilige numerierte Kästchen und finde dabei das richtige Wort heraus.

Das Tabularium

Hinter den Tempeln, die wir gerade besichtigt haben, sehen wir die Ueberreste des sog. *Tabularium*. Es wurde in der Zeit Sullas (80 a.C.) gebaut.

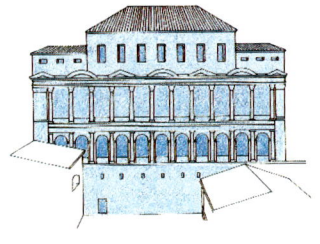

Wenn Du das Gebäude genau ansiehst, wirst Du bemerken, dass der obere und untere Teil des grossen Gebäudes unterschiedlich gebaut sind. Der untere Teil des *Tabularium* ist der antikere Teil dieses Denkmals. Das Tabularium war der Sitz des röm. Staatsarchives, d. h. es war jenes Gebäude, in dem sämtliche staatliche Dokumente aufbewahrt wurden.

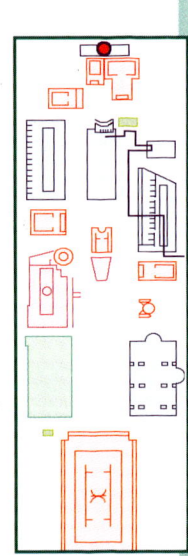

Der obere Teil des Gebäudes ist heute der Sitz der Gemeinde Rom und hat den Eingang am Kapitolsplatz.

Kannst Du mir sagen, welches dieser Kinder in das Tabularium eingetreten ist und welche Kinder hingegen einen Spaziergang gemacht haben?

Das Zentrum des Forum Romanum

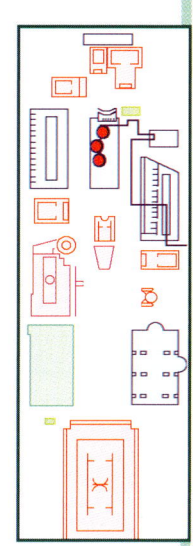

Nun lassen wir alle Tempel, die Rostra und das Tabularium hinter uns und sehen uns den wunderschönen Platz vor uns an. Auf diesem grossen Forumsplatz trafen sich die Bewohner von Rom, um zu plaudern oder kleine Versammlungen abzuhalten.

Wahrscheinlich stehst Du auf diesem Platz zusammen mit vielen anderen Touristen; auch in römischen Zeiten war das nicht anders. Ausser den Einwohnern, die in der Politik, im Handels- und Verwaltungsbereich hier tätig waren, traf man auch einfache Spaziergänger und sogar Leute, die hier Gedichte aufsagten oder andere Lesungen hielten. Mit einem Wort, der Forumsplatz war ein idealer Ort, wo man sich einen schönen und unterhaltsamen Nachmittag machen konnte.

Der Platz muss einmal sehr schön gewesen sein; die rechte Seite war mit Säulen (Du kannst noch viele Säulensockel sehen) geschmueckt und rund um den Platz standen prachtvolle Gebäude. Das Innere des Platzes war mit Monumenten geschmueckt, die fuer die römische Geschichte sehr bedeutend waren.

Als erstes können wir nun ein Beet mit drei darin stehenden Bäumen sehen: einen Feigenbaum, einen Olivenbaum und eine Weintraubenpflanze. Die Bäume wurden erst vor kurzer Zeit neu gesetzt, denn man hat herausgefunden, dass diese Pflanzen fuer die Römer heilig waren und sie schon zu alten römischen Zeiten auf diesem Platz gediehen.
Wenn Du nun ein Stueck weiter gehst, kommst Du in eine

weitere eingezäunte Zone, der sog. *Lacus Curtius*. Viele Geschichten und Legenden werden ueber diesen Ort erzählt. Manche
behaupten, dass der Anfuehrer der Sabiner Mettius Curtius, während des Krieges zwischen den Römern und Sabinern hier in den Abgrund gefallen sei, andere wiederum sagen, Marcus Curtius hätte sich fuer seine Stadt geopfert und sich hinuntergestuerzt. Eine andere Legende meint, dass in dieser Gegend ein Blitz eingeschlagen hat und deshalb dieser Ort als heiliger Ort angesehen und von Caius Curtius
eingezäunt
wurde.

Wenn Du jetzt noch ein Stueck weiter gehst, siehst Du rechts eine interessante und lustige Sache. Siehst Du das eingezäunte Gebiet? Das sind Eingänge zu unterirdischen Tunnels.

Diese Tunnels wurden wahrscheinlich fuer die Gladiatorenspiele im Forum verwendet; später dann baute man dafuer eigens die Amphitheater. Die Zuschauer begaben sich rund um diese unterirdischen Gänge und beobachteten die Gladiatoren, die aus dem Erdboden herauskamen und zu kämpfen begannen.

Die Eingänge zu diesen Tunnels wurden damals dann mit dem Bau der Amphitheater geschlossen und später bei Ausgrabungsarbeiten entdeckt.

DAS FORUM ROMANUM

DIE BASILICA JULIA

An den Säulen vorbei gehst Du nun ueber die Strasse. Das ist die "Via Nova", eine weitere sehr wichtige Strasse des Forum, die parallel zur Via Sacra verläuft. Geh die Treppe hinauf und betrete das grosse Gebäude: die Basilica Julia. Sie wurde wahrscheinlich im Jahre 54 a.C. von Julius Cäsar zu bauen begonnen und von Augustus fertiggestellt. Nach zwei grossen Bränden (im Jahre 9 a.C und 283 p.C.) musste die Basilika restauriert werden.

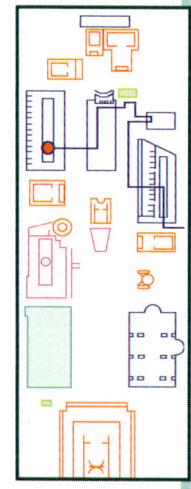

Im republikanischen Zeitalter stand hier eine kleinere Basilika - die Sempronia Basilica - die 170 a.C. von Tiberius Sempronius Graccus (dem Vater der beruehmten Brueder) errichtet wurde.

Die Basilica Julia ist sehr gross; sie erreicht fast die Grösse eines Fussballplatzes.

In der Basilika wurden viele Prozesse durchgefuehrt. Handelte es sich um einen grossen und wichtigen Prozess, wurde der mittlere Saal ganz geöffnet und die Menschen drängten sich auch auf die oberen Gallerienplätze. Normalerweise wurden mehrere Prozesse zugleich gefuehrt und dazu unterteilte man den grossen Raum mit Vorhängen und Trennungswänden.

Viele römische "Nichtstuer" verbrachten im Forum ihre Zeit mit Spielen. Wenn Du genau schaust, kannst Du auf den Stufen gegen die Via Sacra und auf dem Fussboden in der Julia Basilica eingeritzte Schachbretter entdecken. Hier spielte man eine Art Dame und Muehle.

KASTOR - UND POLLUX - TEMPEL

Verlasse nun die Julia Basilica und gehe in Richtung Via Nova bis Du auf der rechten Seite die Reste eines grossen Tempels siehst. Heute sind noch die Grundmauern mit 3 Säulen darauf zu sehen. Dies ist der Kastor - und Pollux - Tempel, der vor vielen vielen Jahren gebaut wurde (484 a.C.).

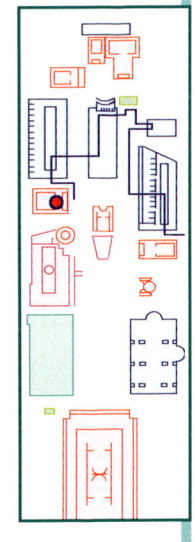

Dieser Tempel ( ) ist eines der ältesten Monumente des Forums. Es wurde als Dank an die Dioskuren ( ) oder den Kastoren (Kastor und Pollux) gegenueber gebaut. Die Legende besagt, dass die Kastoren den Römern ( ) dazu verholfen haben, den letzten römischen Kaiser (S.P.Q.R.) Tarquinius Superbus zu besiegen. (Genaueres kannst Du darueber im Kapitel "Geschichte und Legenden" lesen.)

Dieser war fuer die von grosser Wichtigkeit, denn er bezeugte die Tatsache, dass auch die , die Söhne des sich eine Republik in Rom wuenschten und keine Monarchie.

Man kann jetzt noch sehen, wie hoch das Podium dieses Tempels war.
Die Römer verschönerten den Tempel mit den Rammspornen feindlicher Schiffe und die Politiker verwendeten diese oft als Rednertribuene. (Wahrscheinlich mussten die römischen Politiker, sobald sie eine solche Rednertribuene sahen, einfach eine Rede und Versammlung abhalten! Es war eine zu grosse Verlockung fuer sie!)

Das Forum Romanum

Der Tempel des Divus Julius

Auf der anderen Seite der Via Nova befinden sich die Ueberreste des Tempels des Divus Julius, welcher von Augustus erbaut wurde.

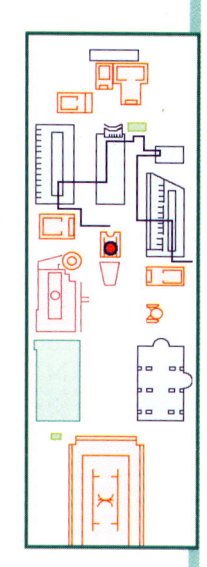

Julius Cäsar war einer der wichtigsten römischen Feldherrn und Politiker.

Seine zunehmende Macht brachte ihm viele Feinde und eine Gruppe von Senatoren organisierte eine Verschwörung gegen ihn, um ihn zu töten. Dies geschah am 15 März (die Iden des März) des Jahres 44 a.C., während Cäsar sich zu einer Versammlung mit Senatoren ins Pompejitheater (diesmal fand die Versammlung nicht wie gewöhnlich im Forum statt) begab.

Sein Körper wurde in das Forum gebracht und auf einem Scheiterhaufen (ein Holzstapel) verbrannt. Genau an diesem Ort wurde dann ein Altar aufgestellt und später ein Tempel, mit dem Altar darin, gebaut.
Augustus, der Adoptivsohn von Julius Cäsar, verlangte eine Verehrung seines Vater, als ob er ein Gott sei und widmete ihm diesen Tempel; damit erreichte er selbst und seine ganze Familie immer mehr Ansehen und Wichtigkeit.
Von diesem Zeitpunkt an war es normal, Kaiser (Cäsaren) nach ihrem Ableben zu vergöttlichen und zu verehren.

DER VESTATEMPEL

Gehe auf die Via Nova zurueck und rechts vorne siehst Du die Ueberreste des kleinen Rundtempels der Vesta; Vesta war die beliebteste Göttlichkeit der Römer. Dieser Tempel ist sehr sehr alt. Sein heutiges Aussehen ist der totalen Restaurierung nach einem Brand im Jahre 191 p.C. zu verdanken.

Vesta war die römiche Göttin des häuslichen Herdes. Daher ruehrt wahrscheinlich dieser ihr geweihte runde Tempel, denn die antiken römischen Häuser hatten eine runde Form.

Im Inneren des Tempels war das "Heilige Feuer" aufbewahrt und es durfte niemals ausgehen, denn sonst befuerchteten die Römer schreckliche Unheile in der Stadt Rom. Aber auch dieses ständig lodernde Feuer brachte Probleme und der Tempel brannte oftmals ab.

Während der Monarchie waren es die Töchter des Königs, die das Heilige Feuer bewachen mussten, doch in der Republik waren die Vestalinnen damit betraut. Die Vestalinnen waren die Priesterinnen des Vestatempels- sie wohnten im Haus nebenan.

Das Forum Romanum

Das Haus der Vestalinnen

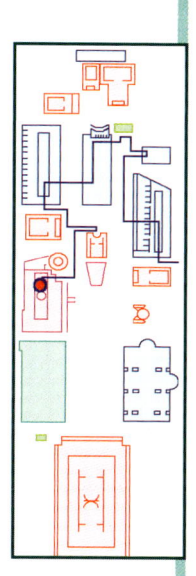

Gleich hinter dem Vestatempel befindet sich rechterhand der Eingang zum Haus der Vestalinnen. Die heute sichtbaren Ueberreste stammen aus der Wiedererrichtung des Hauses in der Regierungszeit Trajans und aus einer späteren Restaurierung seitens Septimius Severus. Wenn Du ueber die kleine Bruecke (unter der Bruecke siehst Du die noch älteren Reste des Hauses) in das Haus hineingehst, gelangst Du in den Innenhof, wo sich noch einige Statuen von Vestalinnen befinden. An den Seiten des Hofes siehst Du auch die Reste der kleinen Zimmer.

Die 6 Vestalinnen wurden unter den Kindern der adeligen Familien ausgesucht und waren 30 Jahre lang als Priesterinnen im Einsatz. In dieser Zeit durften sie nicht heiraten und Kinder zur Welt bringen und sie mussten zusammen in diesem Haus leben; man könnte das fast mit einer Art Kloster vergleichen.

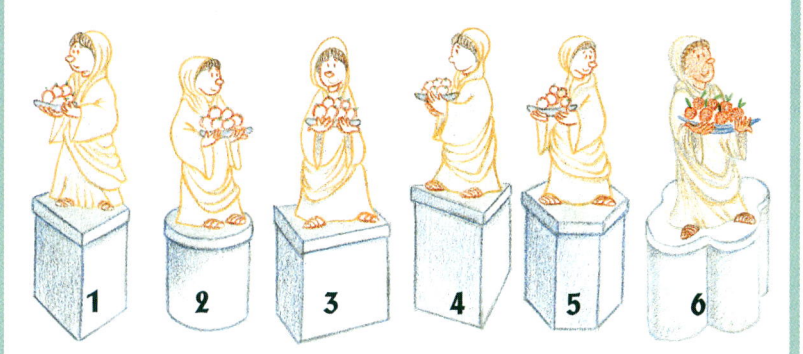

ORDNE jede Vestalin auf die unten stilisierten Sockel ein.
Welche der Vestalinnen hat keinen Sockel?

Die Vestalinnen genossen ein grosses Ansehen und hohe Achtung. Sie waren reich, konnten mit Wagen auf den Strassen fahren und es standen ihnen Sonderplätze im Amphitheater zur Verfuegung. Wenn ein zum Tode verurteilter Buerger zufällig auf dem Wege zur Exekution eine Vestalin traf, wurde er begnadigt.

Kinder auf Entdeckungsreise im antiken Rom

VERSUCHE die vorgegebene Strecke zu verfolgen, finde die einzelnen gefragten Objekte und zähle die Punkte zusammen!

Gehe bis zum Ende des Innenhofes vor. Dort findest Du eine Statue ohne Kopf (1 Punkt) fast an der Mauer angelehnt, in der Nähe eines kleinen Fensters. Links von der Statue befinden sich Stufen (1 Punkt), die Du hinaufgehst!

Oben angelangt gehst Du nach links an der Mauer entlang. Nach ungefähr 10 Schritten sollst Du nun am Boden einen Abdruck auf einer Terracottaplatte suchen (10 Punkte).

Geh wieder in den Innenhof zurueck und hinter der ersten Statue rechts wieder aus dem Hof hinaus (3 Punkte). Dort gehst Du nochmals nach rechts hinter die Mauer.
Verlasse das Haus der Vestalinnen, indem Du durch ein kleines Tor rechterhand durchgehst (3 Punkte).

Jetzt muesstest Du eigentlich auf einem Platz stehen, der ueber eine Fischgrätpflasterung verfuegt (5 Punkte).

Gehe unter dem Vordach durch nach links und bleib einige Minuten zum Lesen stehen.

Du befindest Dich nun in der **Domus Publica**. In diesem Haus wohnte der Pontifex Maximus, das heisst die wichtigste religiöse Persönlichkeit der Römer. Hier wohnte z.B. auch Julius Cäsar, als er zum Pontifex Maximus genannt wurde.

Nun gehe die Strasse weiter entlang und schaue Dir rechts und links alles gut an. Hier findest Du auch antike Fussbodenpflasterungen (5 Punkte pro Pflasterart).

Wenn Du jetzt ein wirklich guter "Schatzsucher" bist, findest Du bestimmt auf der rechten Seite die Ueberreste antiker Fresken (15 Punkte).

Zähle jetzt Deine Punkte zusammen: hast Du mehr als 50 Punkte erreicht, dann bist Du wirklich gut!

Das Forum Romanum

Regia

Wenn Du unserer Wegbeschreibung richtig gefolgt bist, befindest Du Dich nun ungefähr wieder vor dem Eingang zum Haus der Vestalinnen.

Vor Dir siehst Du in einem eingezäunten Gebiet die Ueberreste der antiken Regia.

Die Regia war der Wohnsitz des Königs Numa Pompilio (VII Jhrd. a.C.), aber nachdem diese Tradition von seinen Nachfolgern nicht nachvollzogen wurde, wurde sie bald zum Wallfahrtsort, wo man Mars und *Ops Consiva* verehrte. Mars galt als der Gott des Krieges und *Ops Consiva* als die Göttin, die zu einer ueppigen Ernte verhalf.

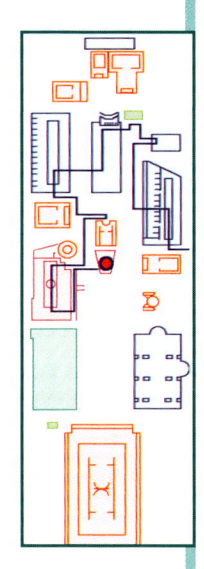

Setze folgende Worte in die richtigen Vordrucke ein:
SENAT, HAUS, BOGEN, VESTALINNEN, FORUMROMANUM, TIBERIUS, ROSTER SIEGESZUG, GÖTTIN, ALTAR, CAESAR.

Der Tempel des Antoninus und der Faustina

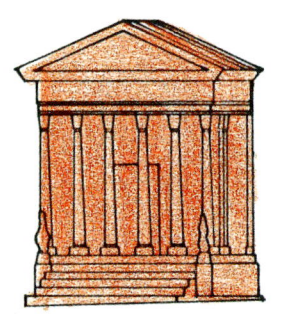

Wenn Du Dich nun Richtung Via Sacra umdrehst, siehst Du den grossen Tempel des Antoninus Pius und der Faustina. Dieser Tempel wurde von Antoninus Pius zum Tode seiner Frau Faustina erbaut und als Antoninus selbst starb, wurde der Tempel auch ihm geweiht.

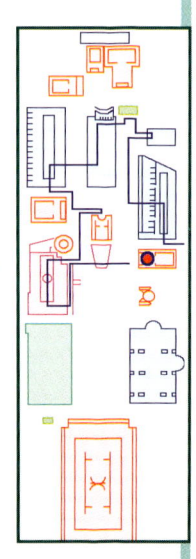

Im Mittelalter wandelte man den gesamten Tempel in die Kirche San Lorenzo in Miranda um, aber vor der Kirche kannst Du noch die urspruenglichen Säulen des Tempels sehen.

Sieh Dir ueber den Säulen den Säulenbalken (Fries) an und lies die daraufstehende Inschrift durch:

DIVO ANTONINO ET DIVA FAUSTINA EX SC

Aber was bedeutet denn das EX SC? Die Uebersetzung lautet: "Laut Senatsbeschluss", das bedeutet also, dass es Willen des Senates war, das Kaiserpaar nach dem Tode zu vergöttlichen.

Du wirst sicher schon bemerkt haben, dass gleich nach der Kircheneingangstuere ein kleiner Abgrund, eine kleine Mauer, vorhanden ist. Man könnte meinen, dass der Architekt damit eine kleine Schikane geplant hatte. In Wirklichkeit aber war zur Zeit des Kirchenbaues das Forum bereits verlassen und nicht mehr existent und daher mit Unmengen von Erde bedeckt. Die Höhe des Eingangtors war also schon richtig berechnet und keine Schikane.

ARCHAISCHE BEGRÄBNISSTÄTTE

Wenn Du die Via Sacra bergauf gehst, triffst Du gleich hinter dem Tempel des Antoninus und der Faustina ein eingezäuntes Gebiet an. Hier fanden die Archäologen im Jahre 1902 einen Teil der grossen Begräbnisstätte (Friedhof) des Forums. Die Gräber sind teilweise aus der Eisenzeit und die ältesten Gräber gehen sogar auf 3000 Jahre zurueck!

Die Gegend ist belegt und bepflastert worden, doch wurden manche Beete, die den antiken Gräbern entsprechen, freigelassen.

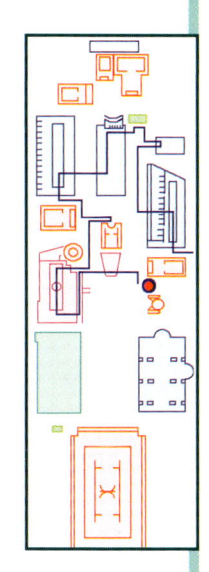

Wurde der Körper eines Verstorbenen verbrannt, gab man die Asche in eine Urne, die die Form einer Huette hatte. Diese Urne wurde dann in eine runde Vase gestellt und Du kannst noch heute die runde Form mancher Beete sehen.

Die rechteckigen Beete beinhalteten hingegen normale Särge aus Holz oder Terracotta.

Der Romulustempel

Wenn Du noch weiter die etwas ansteigende Via Sacra entlang gehst, siehst Du links den Romulustempel.
Sein Name hat nichts mit dem beruehmten Gruender der Stadt Rom zu tun, sondern bezieht sich auf den Sohn des Kaisers Maxentius, der sehr jung gestorben ist und dem eben der Vater einen Tempel genau in dieser Gegend widmen wollte.

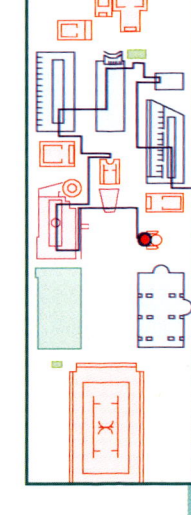

Viele Wissenschafter hingegen behaupten, dass dieser Tempel aber dem Jupiter Stator und den Penaten (Hausgötter) geweiht gewesen wäre.

Die Penaten waren - zusammen mit der Vesta - die Schutzpatrone der Häuser und Familien. Diese Göttlichkeiten wurden meist in den privaten Häusern angebetet und verehrt. Dort wurden ihnen auch Kapellen oder ein einfacher Altar gewidmet.

Jeden Morgen brachten die Hausbewohner an die geweihte Stätte ihre Gaben (z.B. Duftessenzen, Blumenkränze, Obst und andere Lebensmittel).

Das Tor aus Bronze ist noch wirklich das Originaltor und ist circa 1700 Jahre alt. Stell Dir vor, sogar das Schloss funktioniert noch!

DER ÖSTLICHE TEIL DES FORUM

Gehe die Via Sacra weiter entlang bergauf bis Du linkerhand zu einem Bogengang aus dem Mittelalter kommst. Gegenueber davon geht eine kleine Strasse unter Bäumen ab, die Du jetzt entlanggehst. Nun gelangst Du zu einem kleinen Weg rund um eine eingezäunte Zone mit Resten von Monumenten aus verschiedenen Epochen.
Die Ausgrabungsarbeiten sind hier noch nicht beendet.

Die älteste unter den gefunden und ausgegrabenen Strukturen gehört zur sogenannten "Mauer von Romulus". Es handelt sich dabei um ein Mauerwerk mit Gräben welche angeblich aus der Zeit des Romulus, dem legendären Gruender Roms (VII Jhrd.a.C.), stammen sollen.
Manche behaupten sogar, dass diese Mauer das urspruenglichste und älteste Rom umgeben hat.

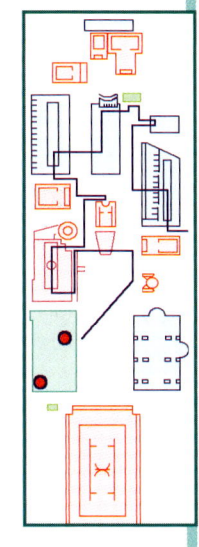

Ungefähr zwei Jahrhunderte später (Ende VI Jhrd.a.C.), noch während der Monarchie, wurden dann auf die bereits grösser gewordene Stadtmauer, fuerstliche Gebäude daraufgebaut.

In der republikanischen Zeit war diese Gegend dann das Wohnviertel der Senatoren. Man hat hier in der Tat Reste von Häusern sehr beruehmter Senatoren gefunden, wie z.B. des Ämilius Scaurus, Cicero, Claudius. Wenn Du nach oben blickst, kannst Du davon noch Reste sehen, die mit modernen Ueberdachungen geschuetzt werden.

Marcus Tullius Cicero

Während der Regierungszeit des Kaisers Nero wurden anstatt Häusern Bogengänge gebaut und unter Vespasian wurden diese als Geschäfte und Märkte verwendet. Davon kannst Du heute noch die Ueberreste in der Mitte dieses Areals sehen.

Die Maxentius Basilika

Spaziere die bergauf-verlaufende Allee entlang bis zum Ende, wo Du nach links in eine kleine Strasse einbiegst. Diese gehst Du entlang, bis man zu einem der grössten Gebäude aus der Kaiserzeit gelangt: die Maxentius-Basilika oder Konstantin-Basilika (Maxentius begann mit dem Bau 306 p.C. und Konstantin vollendete den Bau im Jahre 312 p.C.).

Diese Basilika war wirklich enorm gross und Du kannst Dich davon ueberzeugen, wenn Du Dir die hohen Decken ansiehst. Stell Dir vor, diese Basilika war 35 Meter hoch, das entspricht heutzutage einem 10-stöckigen Hochhaus!

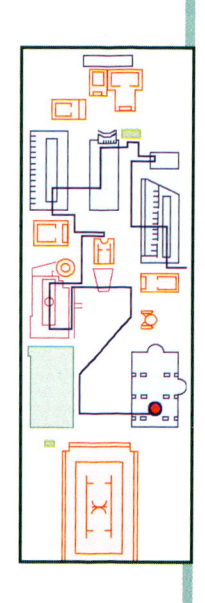

Im Inneren stand eine Statue von Konstantin und allein der Kopf dieser Statue (er wurde 1487 gefunden) ist grösser als ein Mensch (2,6 Meter).

Bedenke wieviel Material man benötigte, um dieses riesige Gebäude zu bauen und dann zu dekorieren! Nach dem Verfall des Römischen Reiches, im Mittelalter und in den nachfolgenden Epochen, wurde ein Grossteil der Basilika abmontiert und das Material fuer andere Bauten verwendet. Ein Beispiel dafuer kannst Du am Platz der Basilika S.Maria Maggiore betrachten. Mitten am Platz steht eine Säule, die Papst Paul VI im Jahre 1613 hier aufstellen liess.

DAS FORUM ROMANUM   77

DER TITUSBOGEN

Jetzt gehst Du zurueck zur Via Sacra und links oben kommst Du zum Titusbogen. Dieser Bogen wurden im Jahre 80 p.C. zu bauen begonnen. Der Auftraggeber war wahrscheinlich Domitian, der Bruder von Titus.

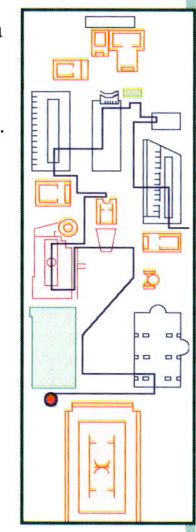

Vespasian und sein Sohn Titus eroberten im Jahre 71 p.C. Jerusalem, die heilige Stadt des juedischen Volkes, raubten die Stadt aus und zerstörten ihren Tempel, welcher nie wieder aufgebaut wurde. Als Vespasian und Titus nach Rom zurueckkehrten, wurden sie als Helden gefeiert und erhielten grossen Triumph. Die Juden haben Jahrhunderte hindurch der Zerstörung ihres heiligen Tempels gedacht und haben es vermieden durch den Titusbogen, Symbol dieses Ereignisses, durchzuschreiten.

Stell Dich unter den Bogen und betrachte rechts und links die Reliefe. Diese Reliefe beschreiben zwei Momente dieses Triumphzuges:

In der ersten Abbildung sieht man jenen Teil des Zuges, in welchem der siebenarmige Leuchter und die silbernen Trompeten getragen wurden. Diese sind zwei der wichtigsten religiösen Symbole der Juden, welche die Römer aus dem Tempel in Jerusalem entfernten.

Die zweite Abbildung zeigt uns Titus im Kampfwagen. Weiters können wir die Göttin Roma und die Siegesgöttin erkennen. Dahinter sehen wir noch Figuren, die den Senat darstellen (Figur mit der Toga) und das römische Volk (Figur mit freiem Oberkörper - heute leider ohne Kopf).

Tempel der Venus und der Roma

Seitlich des Titusbogens, zwischen der Maxentius-Basilika und dem Kolosseumtal, befand sich ein wunderbarer Tempel. Dieser war den beiden Schutzpatronen der Stadt, Venus und Roma, gewidmet.

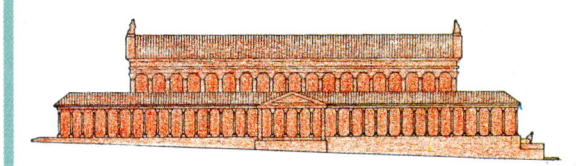

Der Tempel wurde in der Herrscherzeit Hadrians im Jahre 135 p.C. eingeweiht und dann später unter Maxentius restauriert. Er ist der grösste Tempel, der in Rom jemals gebaut wurde und hat eine wirklich besondere Bauart. Man könnte meinen, es seien zwei Ruecken an Ruecken stehende Tempel - der eine liegt in Richtung Forum und bewahrte die Statue von Roma auf und der andere Tempel liegt in Richtung Kolosseum und bewahrte die Venusstatue auf.

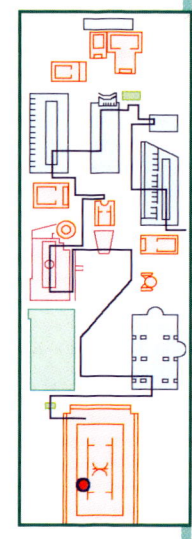

Man nimmt an, dass es Kaiser Hadrian war, der diesen Tempel in seiner eigenartigen Form geplant hatte. Doch der damals bekannteste Architekt, Apollodorus von Damaskus, wagte es, das Projekt zu kritisieren und musste dafuer mit seinem Leben bezahlen!

Heute befindet sich in einem Teil des Tempels die Kirche S.Francesca Romana und im alten Kloster der Kirche ist ein Museum beherbergt. Dort kannst Du viele Funde aus dem Forum bewundern..

Das Forum Romanum

Ueberquere die Wiese und drehe Dich in Richtung des Kolosseumtals. Auf diesem ganzen Areal, welches Du von hier aus siehst, hatte Kaiser Nero seinen immensen Palast, die *Domus Aurea*, bauen lassen.

Genau da, wo Du stehst, befand sich das Atrium (Vorhalle) des Palastes. Nero liess hier eine Statue von sich (35 Meter, d.h. so hoch wie die Maxentius-Basilika!) aus Bronze vergoldet aufstellen.
Als Hadrian den Venus - und Roma - Tempel baute, liess er die Statue (sie war mittlerweile nicht mehr Nero gewidmet, sondern dem Sonnengott) neben das Kolosseum aufstellen. Stell Dir vor, man benötigte fuer den Transport der Statue 24 Elefanten!

ZEIGE diesen Besuchern des Forums bitte den richtigen Weg.

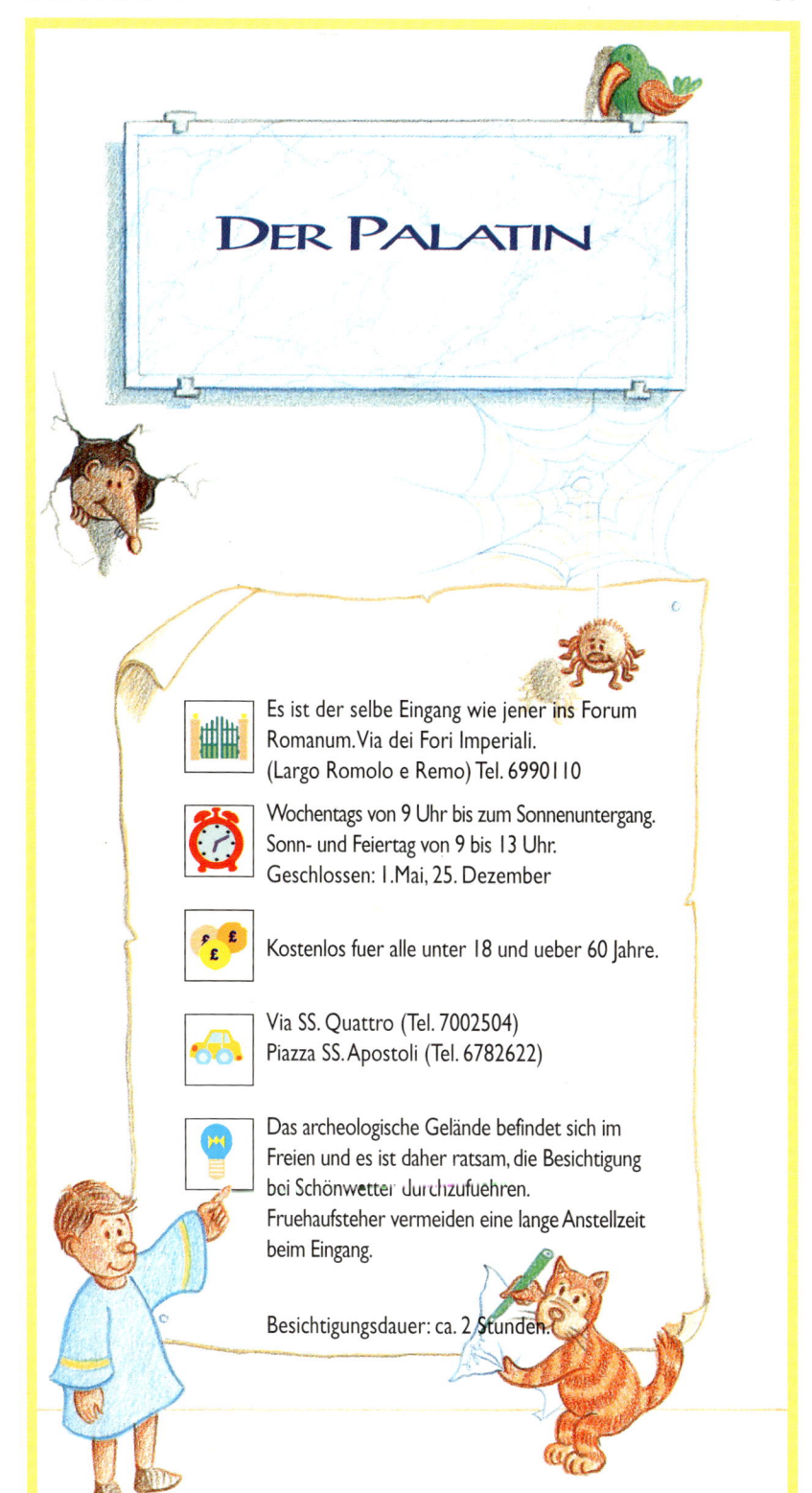

DER PALATIN

- Es ist der selbe Eingang wie jener ins Forum Romanum. Via dei Fori Imperiali. (Largo Romolo e Remo) Tel. 6990110

- Wochentags von 9 Uhr bis zum Sonnenuntergang. Sonn- und Feiertag von 9 bis 13 Uhr. Geschlossen: 1. Mai, 25. Dezember

- Kostenlos fuer alle unter 18 und ueber 60 Jahre.

- Via SS. Quattro (Tel. 7002504) Piazza SS. Apostoli (Tel. 6782622)

- Das archeologische Gelände befindet sich im Freien und es ist daher ratsam, die Besichtigung bei Schönwetter durchzufuehren. Fruehaufsteher vermeiden eine lange Anstellzeit beim Eingang.

Besichtigungsdauer: ca. 2 Stunden.

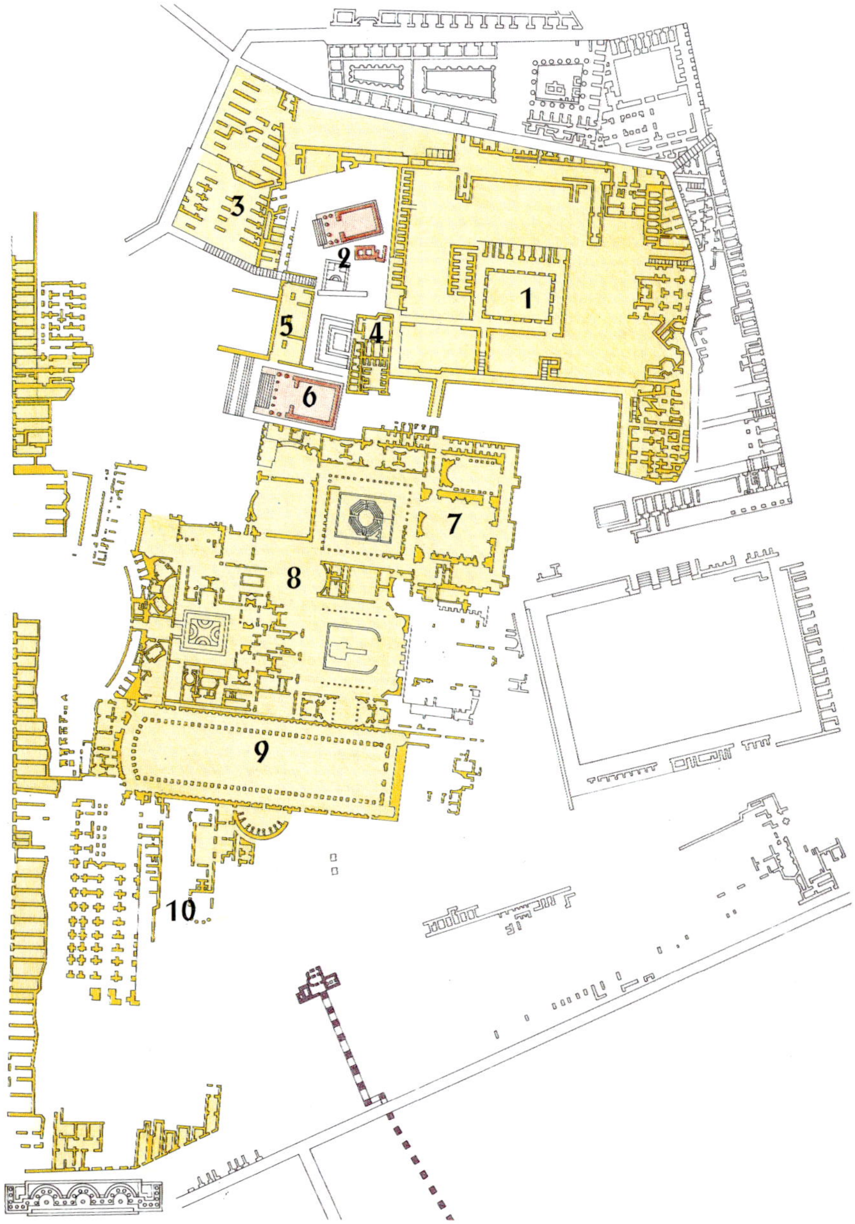
1
2
3
4
5
6
7
8
9
10

DER PALATIN

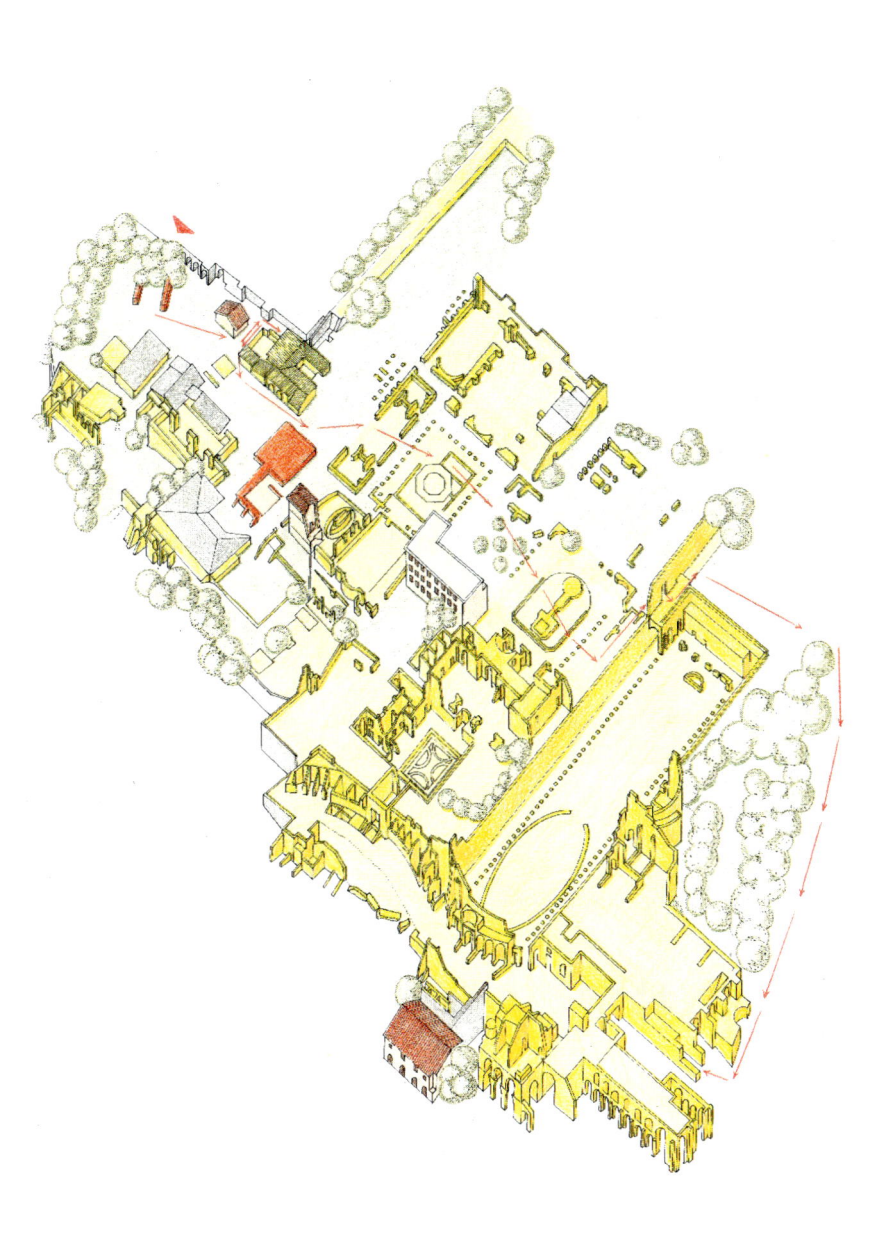

- 1. Domus Tiberiana (Farnesische Gärten)
- 2. Tempel der Kybele
- 3. Haus des Romulus
- 4. Haus der Livia
- 5. Haus des Augustus
- 6. Apollotempel
- 7. Domus Flavia
- 8. Domus Augustana
- 9. Stadion des Domitian
- 10. Domus Severiana

Man sagt, dass Romulus den Huegel Palatin unter den 7 Huegeln ausgewählt hätte, um dort die neue Stadt zu gruenden.
Tatsächlich wurden auch im Forum Romanum, gleich am Fusse des Palatins, Reste einer Mauer und eines Grabens entdeckt und dies könnten wirklich die "Grenzmauern" der antiken Stadt sein.
Zusätzlich wurden am Gipfel des Palatins Reste von sehr alten Hirtenhuetten gefunden.

All das lässt uns annehmen, dass die Legende um die Gruendung Roms, dann doch nicht von "sehr weit hergeholt" ist und ein "Kruemel Wahrheit" dabei sein muss! Immerhin ist es eine Legende, die seit 20 Jahrhunderten durchdringt und existiert.

Die Römer hatten Jahrhunderte hindurch den Palatin als Wohnort auserkoren; war es doch ein wunderschöner Platz zum Leben und vorallem lag er in der Nähe des Forums. Dazu kam noch, dass es dort nicht sumpfig war, es höher oben lag und daher recht kuehl war und man wohnte nicht mitten im Marktgewuehl und Lärm des Forums.
Während der republikanischen Epoche wurde der Palatin zum Wohnsitz der reichen Familien.
Augustus, der hier zur Welt kam, baute sich hier seinen neuen Wohnsitz schon allein deswegen, weil hier auch Romulus gelebt hatte. Diese Idee wurde dann auch von den späteren Herrschern aufgenommen und viele bauten sich hier ihre prachtvollen Residenzen.
Nach und nach wurde der Huegel dann zu einem einzigen enormen Palast.

Der Ausdruck "Palast" stammt auch wirklich vom Namen des Huegels -Palatin- ab und ist bis heute in vielen europäischen Sprachen erhalten geblieben!
(Englisch = palace; französisch = palais; deutsch = Palast; spanisch = palacio; portugisisch = palacio; ...).

Der Palatin

Auch nach dem Verfall des Westromischen Reiches wohnten viele Könige und Kaiser auf dem Palatin, wenn sie nach Rom kamen. Erst um das Jahr 1000 p.C. herum wurde der Palatin mehr und mehr verlassen. Man holte von dort wertvolle Materialien und bald wurde der Palatin zu einem Ruinengebiet. In den darauffolgenden 500 Jahren baute man nur manche Kirchen und einige Klöster, während andere Teile des Huegels befestigt wurden.

Kardinal Alexander Farnese kaufte im Jahre 1550 den Huegel und liess dort eine Villa mit einem wunderbaren Park mit Bäumen, Blumen und Pflanzen aus verschiedenen Gegenden errichten. Er gruendete somit den ersten botanischen Garten in der Geschichte und Du kannst ihn heute noch teilweise bewundern. Die archeologischen Ausgrabungen auf dem Palatin begannen cirka 200 Jahre später.

Um auf den Palatin zu gelangen, musst Du nur die Strasse vom Titusbogen bergauf entlanggehen. Dann gehe rechts die Treppe hinauf bis zu den beruehmten Farnesischen Gärten der Villa von Alexander Farnese.
Die Archeologen wollten diesen wunderbaren Garten erhalten und haben daher nie Ausgrabungen durchgefuehrt, obwohl man weiss, dass darunter Reste des Königspalastes von Tiberius, der *Domus Tiberiana,* vergraben sind.

Der Kybeletempel oder Tempel der Magna Mater

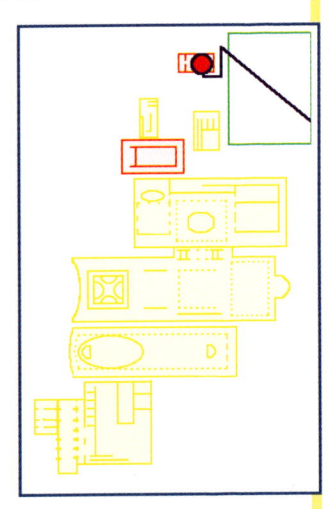

Gehe bis ans Ende des Gartens (das Forum lässt Du hinter Dir) bis Du zu einer Terrasse gelangst. Von dort geht eine steile Treppe ab und wenn man diese hinabgeht, kommt man zu einer sehr antiken Gegend des alten Roms. Du befindest Dich vor den Resten eines wunderbaren Tempels, welcher der Göttin Kybele oder *Magna Mater* (sie wurde als die Mutter aller Götter betrachtet) gewidmet war.

Setze Dich nun hin und lies die Geschichte dieses antiken Tempels.

Während des 2. Punischen Krieges (218 a.C.) wurden die Römer in verschiedenen Schlachten von den gefuerchteten Feinden, den von Hannibal angefuehrten Karthagern, besiegt. Als sich der Moment der entscheidenden Schlacht näherte, wollte man die Götter um Hilfe bitten. Nach Angabe der Sybillinischen Buecher (eine Sammlung von Prophezeiungen, die in schwierigen Zeiten zu Rate gezogen wurden) schickten die Römer eine Gesandtschaft nach Pessinunte, in das entfernte Unterasien (die heutige Tuerkei). Dort befand sich nämlich der Anbetungsort der Göttin Kybele. Den Gesandten gelang es vom König einen geheimnisvollen schwarzen Stein, der vom Himmel geflogen kam (wahrscheinlich ein Meteorstein), zu erhalten. Dieser Stein wurde mit der Göttin identifiziert und man war sich sicher, nun eine Hilfe im Kampf gegen die Karthager zu erhalten.

Der Palatin

Der schwarze Stein wurde mit grossen Verehrungszerimonien auf dem Schiff nach Rom gebracht.
Die Römer gewannen auch wirklich den Krieg und in Folge dessen baute man auf dem Palatin einen wunderbaren Tempel fuer die Göttin Kybele.

Der Senat jedoch sah die Verehrung einer ausländischen Göttin und deren Verbreitung nicht gerne und versuchte dies zu verbieten. Doch es war umsonst, denn der Tempel wurde in kuerzester Zeit zum beruehmtesten und beliebtesten Anbetungsort der Römer. Sie feierten dort grosse Feste zu Ehren der Mutter aller Götter.

Deshalb wurde vor dem Tempel eine grosse Terrasse gebaut, wo *die Ludi* (Spiele) Megalensi stattfanden (vom 4. bis 10. April jedes Jahres). Bald bildete sich dort ein Viertel mit kleinen Läden, Wäschereien und Putzereien und kleinen Thermen, die alle auf einer bedeckten Strasse endeten (*Via Tecta*).
Diese ganze Gegend ist heute eingezäunt und die Ausgrabungsarbeiten sind noch im Gange.

Das Haus des Romulus

Gehe an den Resten des Tempels vorbei und schaue ueber das Geländer darueber.
Unter dem Geländer hat man Reste von sehr, sehr alten Huetten (IX-VII Jhrd. a.C.) gefunden. Man kann sehr genau die Löcher der Pfosten am Boden erkennen.

Eine dieser Huetten ist fuer uns von besonderer Wichtigkeit. Man restaurierte diese Huette auch immer wieder und sie wurde niemals abgerissen, wenn auch dort im Laufe der Jahrhunderte neue Gebäude erbaut wurden.

Wahrscheinlich handelt es sich nämlich um die Huette von Romulus, zumindest die Römer betrachteten sie als solche.

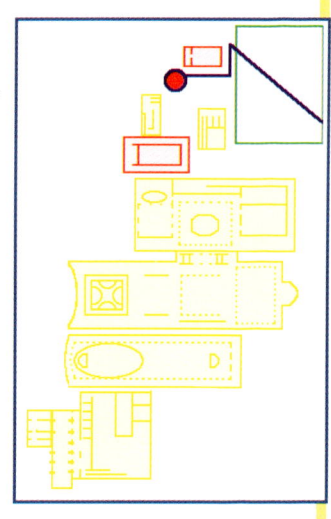

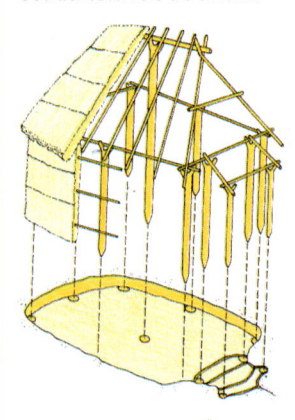

Auch dort befindet sich ein anderer, fuer den Ursprung Roms wichtiger Ort: Die sogenannte "Treppe von Cacus". Cacus war ein schrecklicher Riese und Sohn des Gottes Vulkanus. Der Held Herkules liess hier im darunterliegenden Forum Boarium sein Vieh weiden.

Eines Tages, als Herkules schlief, stahl der Riese heimlich 8 Stueck seiner Rinder. Er schleifte die Rinder am Schwanz bis zu einer versteckten Grotte, damit man keine Spuren finden konnte. Als Herkules aufwachte, bemerkte er, dass jemand es gewagt hatte, einige Rinder zu stehlen. Er suchte, fand sie jedoch nicht, bis er plötzlich ein lautes "Muhen" aus der Grotte hörte. So gelang es ihm den Diebstahl aufzudecken; er tötete den Riesen und holte sich seine Rinder wieder zurueck.

DER PALATIN

JEDE ZEILE enthält die Bezeichnung (die Buchstaben sind vertauscht) der illustrierten Gegenstände auf dieser Seite.
Streiche die richtigen Buchstaben aus und Du wirst sehen, dass pro Zeile ein Buchstabe uebrig bleibt. Die uebriggebliebenen Buchstaben musst Du dann von oben nach unten lesen und Du erhältst das geheimnisvolle Wort, welches nicht aufgezeichnet ist..

Augustus und die Entstehung des Imperiums

Bevor wir die einzelnen, noch vorhandenen Räume vom Haus des Augustus' und seiner Gemahlin Livia besichtigen, sollten wir vielleicht erst einmal die Hintergruende dieser Zeit näher durchleuchten.

2 Konsuln

Notfallsdiktator

Senat

Amtspersonen

Plebs (Volk)

Nachdem man den letzten König, Tarquinius Superbus verjagt hatte, wurde der Römische Staat zur Republik umgestaltet.
Die wichtigsten Ämter wurden so aufgeteilt, dass niemand mehr zu viel an Macht uebernehmen konnte; fuerchteten doch die Römer am meisten eine neuerliche Machtuebernahme seitens eines Königes, was dem Volk wieder alle mittlerweile gewonnenen Freiheiten wegnehmen wuerde.
Die Macht wurde von 2 Konsuln verwaltet, deren Amt 1 Jahr dauerte. Falls es notwendig war (vor allem während schwieriger Kriege), wählte man fuer 6 Monate einen Diktator, der mit seiner absoluten Macht zur Hilfe stand.
Die Konsuln oder der Diktator wurden vom Senat und vom Komitium in Sachen gesetzgebender Gewalt unterstuetzt. Das öffentliche Leben (der Strassenbau, Aquäduktbau, Steuereinhebung, Justizverwaltung, Veranstaltungen von Festen und Vorstellungen) wurde von den Amtspersonen verwaltet und die religiöse Macht vom Pontifex Maximus.

DER PALATIN 91

Trotz dieser sehr genauen Einteilung, gelang es manchen Personen immer wieder mehr als die von den Gesetzen vorgesehene Macht zu erringen.
Julius Cäsar, zum Beispiel ernannte sich selbst zum Diktator auf Lebenszeiten und er hatte zugleich auch das Amt des Pontifex Maximus ueber. Eben weil Cäsar eine zu grosse Macht erreicht hatte und dies als gefährlich fuer das Gleichgewicht des Staates betrachtet wurde, ermordete man ihn.

Julius Cäsar

Augustus, der Adoptivsohn Cäsars war noch machtgieriger, aber er wollte nicht wie sein Adoptivvater enden. Deshalb musste er sehr vorsichtig und schlau vorgehen. So liess er zum Beispiel seinen Vater vergöttlichen, um dadurch seiner Familie mehr Beruehmtheit zu vermitteln. Zugleich wollte er aber seine eroberte Macht möglichst wenig zur Schau stellen. In der Tat bemerkten die Römer erst als der Staat zu einem Imperium wurde und keine Republik mehr war, wie gross die Macht von Augustus wirklich war. (Die Könige in frueheren Zeiten waren weniger mächtig und ärmer.)

Augustus

Als Augustus seine grosse Macht befestigt hatte, änderte er auch seinen Wohnsitz und siedelte auf den Palatin um. Er wählte ganz bewusst den Palatin als Wohnsitz aus, waren doch dort die antiksten Erinnerungen Roms und seines Gruenders Romulus aufbewahrt.

Augustus war es weniger wichtig einen grossen und prunkvollen Wohnsitz zu haben (er restaurierte deshalb auch schon existente Häuser und Paläste), sondern er wollte, dass das Volk mit dem Ort des Wohnsitzes den Gruender Roms, Romulus und ihn als Gruender des Römischen Staates in Verbindung bringt!

Das Haus der Livia

Gehe nun denselben Weg zurueck, an den Zisternen aus dem VII-VI Jhrd. a.C. vorbei und halte Dich rechts, bis Du zum Haus der Livia kommst.
Die Räume, die heute noch zu besichtigen sind, waren wahrscheinlich die privaten Räume der Kaiserin Livia, der Frau von Augustus. Diese Räumlichkeiten waren Teil eines viel grösseren Komplexes, welcher auch die Räumlichkeiten des Hauses von Augustus beinhalteten.

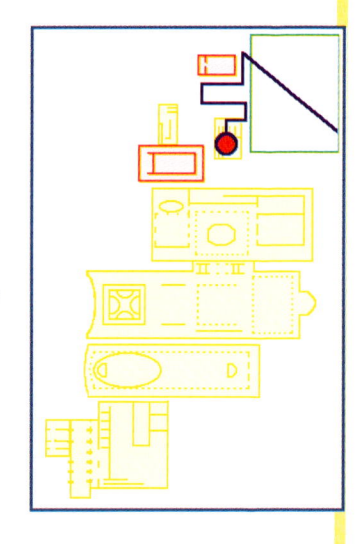

Livia    *Augustus*

Du befindest Dich in einem eleganten, römischen Haus.

Der Hof und die 3 anschliessenden Räume verfuegen heute noch ueber wunderschöne Wand -und Bodendekorationen. Schon allein damit kannst Du Dir vorstellen, wie die Häuser der reichen Römer ausgesehen hatten. Natuerlich waren die Farben der Wandmalereien zur Zeit Livias viel stärker und lebendiger und die Säle waren mit eleganten und gemuetlichen Möbeln eingerichtet. Hier konnte die Kaiserin angenehm sitzen und lesen, sich hinlegen und köstliche Mahlzeiten zu sich nehmen oder auf und ab gehen, um wichtige Entscheidungen zu bedenken und zu treffen.

Das Haus des Augustus

Verlassen wir nun das Haus der Livia, gehen nach links und kommen zu mehreren Gebäuden aus republikanischer Zeit, die später in die Wohnresidenz von Augustus integriert wurden.

Der Teil, der von Augustus bewohnt wurde, ist zur Zeit nicht zu besichtigen.
Das Haus war in 2 Teile geteilt: der grössere, "öffentliche" Teil diente dem Kaiser als Regierungssitz und der Teil mit kleineren Räumen war sein Privatsitz, der mit wunderschönen Malereien dekoriert war.

Neben der Residenz liess Augustus einen prunkvollen Tempel mit Bogengang und Bibliotheken errichten und alles wurde mit reichen, dem Apoll gewidmeten Dekorationen ausgestattet. Augustus verehrte den Gott Apoll in besonderer Weise, weil er glaubte, dass dieser ihm bei der Schlacht von Azio geholfen habe und er deswegen gewonnen habe. In dieser Schlacht besiegte Augustus auch seinen letzten politischen Gegner Antonius. Im Tempel von Apoll liess Augustus auch die Sibyllischen Buecher aufbewahren. Zuvor wurden sie nämlich im Jupitertempel auf dem Kapitol aufbewahrt. Die "Umsiedlung" eines so wichtigen und heiligen Gegenstandes in den eigenen Privattempel bedeutete sehr viel und brachte Augustus noch mehr Ansehen und Macht ein.

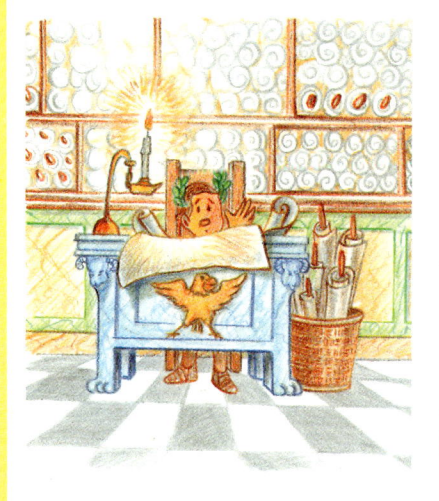

Ein beruehmter römischer Historiker namens Svetonius schreibt: "Augustus lebte auf dem Palatin, aber immer in einem bescheidenen Haus, welches einst dem Ortensio gehörte... Seine Räume waren nicht enorm gross und uebermässig dekoriert und er schlief mehr als 40 Jahre hindurch immer im selben Raum, im Sommer und im Winter... Brauchte er Ruhe oder wollte Geheimnisse fuer sich behalten, benuetzte er einen speziellen Raum..."

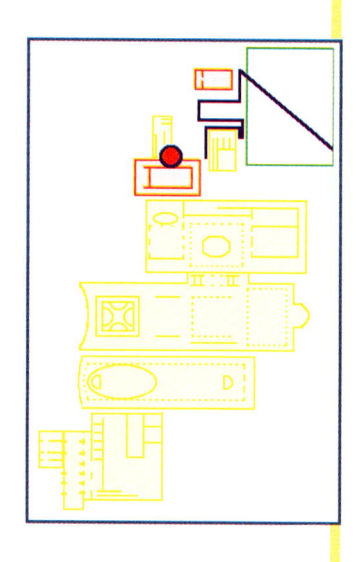

Domus Flavia

Die darauffolgenden Herrscher verzichteten auf die Schlichtheit der Bräuche von Augustus und nuetzten ohne "mit der Wimper zu zucken" die Position, in der sie standen völlig aus. So liessen Tiberius und seine späteren Nachfolger auf dem Palatin immer schönere, grössere und prunkvollere Paläste bauen.

Verlassen wir nun die Residenzgegend von Augustus und sehen uns die riesigen Ruinen des Kaiserpalastes von Domitian genauer an. Der Palast ist in 3 Teile geteilt: die Domus Flavia, die Domus Augustana und das Stadion.

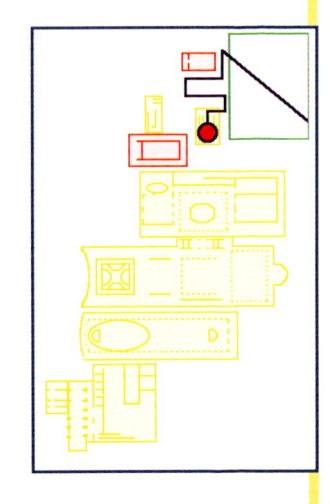

Die Flavischen Kaiser (Vespasian, Titus und Domitian) herrschten nach dem Tyrannen Nero und hatten die schwierige Aufgabe, das römische Volk wieder mit der kaiserlichen Herrschermacht zu versöhnen und in Einklang zu bringen. Nero hatte fuer sich einen riesigen Königspalast (die *Domus Aurea*) im Zentrum von Rom errichten lassen. Die Flavier wollten diese Orte dem römischen Volk wieder zurueckgeben und bauten den Palast in öffentliche Gebäude wie das Kolosseum und die Thermen von Titus um.

Zugleich musste man jedoch Rom mit einer neuen Residenz fuer den Herrscher versehen und diese sollte nicht minderer sein als die anderen Paläste und sollte die Grösse und Macht des Römischen Reiches repräsentieren. Als dafuer geeignete Gegend wurde der Palatin auserwählt. Ein beruehmter Architekt sollte nahe der Residenz des Augustus einen schönen Palast errichten. Dieser Palast blieb dann Jahrhunderte hindurch der Sitz der Römischen Herrscher.

Der Palast erstreckte sich ueber ein riesiges Areal und noch nicht alles konnte von den Wissenschaftlern und Archäologen erforscht werden, aber sehen wir uns die interessantesten Teile davon näher an.

DER PALATIN

Betreten wir nun jenen Teil, den man Domus Flavia nennt: dies war der Trakt, in dem der Kaiser Staatsangelegenheiten erledigte und seine Berater und Botschafter empfing.

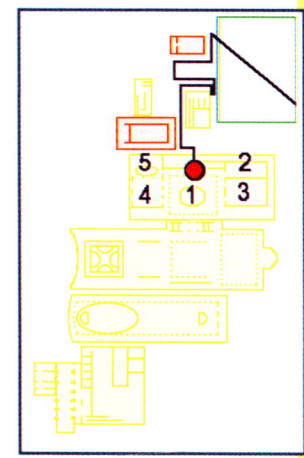

(1) Den Innenhof, *Peristylium*, erkennt man gut anhand eines 8-eckigen Brunnens mit kleinen Mauern herum, die ein Labyrinth waren.

Vom Hof aus gelangen wir zu weiteren Teilen und Räumlichkeiten:

(2) Die *Basilica*. In diesem Raum traf der Staatsrat zusammen. Der Kaiser nahm seinen Platz in der Mitte der Apsis ein, um auch dadurch seine fast göttliche Macht zu unterstreichen und zu zeigen. An diesem Ort wurde ueber das Schicksal des Reiches entschieden, vor allem in jener Zeit, in der der Senat an Macht während der Republik verloren hatte.

(3) Die *Aula Regia*. Dies ist der grösste ueberdachte Raum, der je im antiken Zeitalter gebaut worden ist. Er ist ueber 30 Meter hoch! Man nimmt an, dass sich hier sehr grosse Menschenmengen getroffen und an Audienzen teilgenommen haben.

Auf der anderen Seite des Hofes sehen wir einen riesigen Saal. Wahrscheinlich war dies der **(4)** Speisesaal und der Grösse nach ist zu schliessen, dass auch hier viele Gäste eingeladen worden sind.

Die grossen Abendessen sind oft mit Musik und Tanzeinlagen untermalt worden. Auch ist im Nebenraum ein traumhafter ovaler Brunnen gestanden, dessen Reste man heute noch bewundern kann **(5)**.

Die Domus Augustana und das Stadion

Wenn wir am Antiquarium Palatino (ein modernes Museum) vorbeigehen, besichtigen wir nun die Domus Augustana. Diese war viel besser und grösser ausgefuehrt als die Domus Flavia. Es war der private Wohnkomplex der Kaiser ("Augustus" war ein Titel, den nur die Kaiser tragen durften und daher stammt auch der Name "Domus Augustus"). Der Palast erstreckte sich ueber 2 oder 3 Stockwerke und die Vorderfront ging auf den Circus Maximus hinaus (Du solltest Dir diesen fantastischen Anblick bei Gelegenheit vom Circus Maximus aus ansehen!).

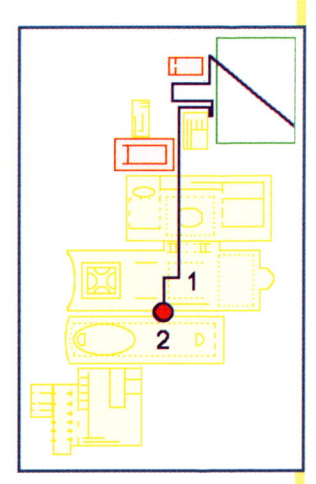

Der Palast ist um einen grossen (1) Innenhof im Erdgeschoss herum gebaut. In der Mitte des Hofes befand sich eine Art kuenstlicher See, mit einem kleinen Tempel in der Mitte, welcher ueber eine kleine Bruecke zu erreichen war.

Gehst Du nun ueber die Reste des Palastes weiter, kommst Du zum sog. (2) Stadion: es ist eine langgestreckte Bahn, wo Pferderennen stattgefunden haben. Die Bahn war mit zweistöckigen Bogengängen eingerahmt, weiters gab es die Tribuene fuer den Herrscher und mehrere Räume, die als Umkleide- oder Abstellräume dienten. Die zu sehende ovale Einzäunung auf der Seite der Arena wurde im VI. Jhrd. p.C. vom Gotenkönig Theoderich erbaut und diente wahrscheinlich als Reitschule.

Der Palatin

Domus Severiana

Ausser dem Stadion sehen wir noch die Reste der heute genannten Domus Severiana: es ist die Vergrösserung des Palatin Palastes, den der erste afrikanische Kaiser, Septimius Severus bauen liess.

Septimius Severus war von 193 bis 211 p.C. der Fuehrer des Römischen Reiches und unter seiner Herrschaft stand das Land in grosser Bluete.

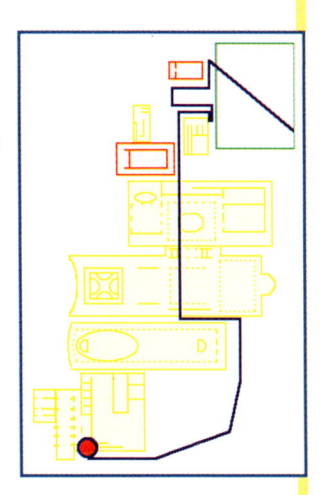

Septimius Severus

Septimius Severus liess die Kaiserliche Residenz am Palatin restaurieren und fuegte dem Areal einen neuen Fluegel hinzu.

Nachdem aber kaum mehr Platz war um neue Gebäude zu errichten, musste er eine grandiose, kuenstliche, rechteckige Terrasse hoch ueber diesen Teil des Palatins erbauen. Man kann die Terrasse gut von der Via di S. Gregorio-Strasse sehen.

WELCHE dieser Darstellungen erinnern Dich an den Palatin?

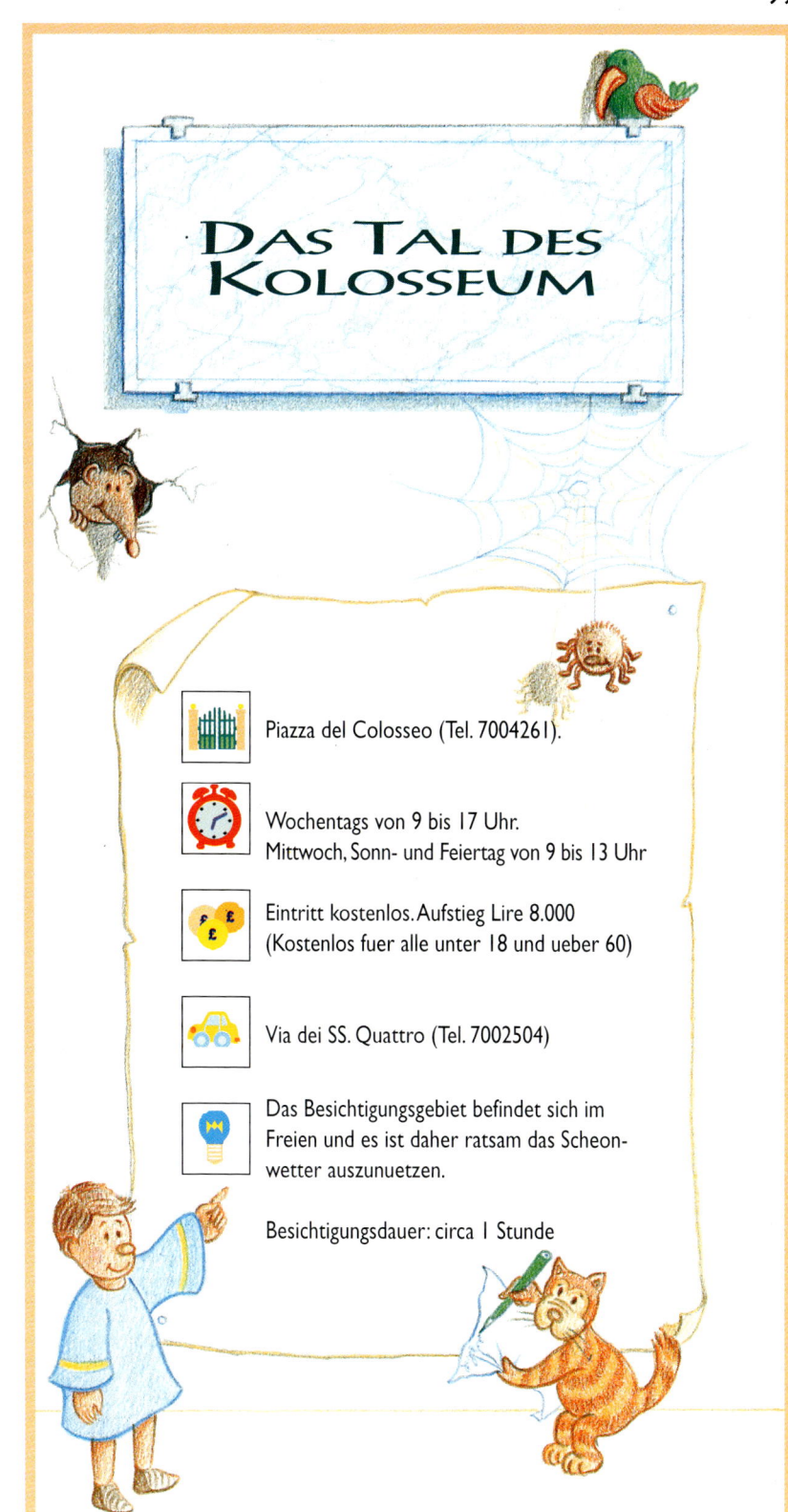

Das Tal des Kolosseum

Piazza del Colosseo (Tel. 7004261).

Wochentags von 9 bis 17 Uhr.
Mittwoch, Sonn- und Feiertag von 9 bis 13 Uhr

Eintritt kostenlos. Aufstieg Lire 8.000
(Kostenlos fuer alle unter 18 und ueber 60)

Via dei SS. Quattro (Tel. 7002504)

Das Besichtigungsgebiet befindet sich im Freien und es ist daher ratsam das Scheonwetter auszunuetzen.

Besichtigungsdauer: circa 1 Stunde

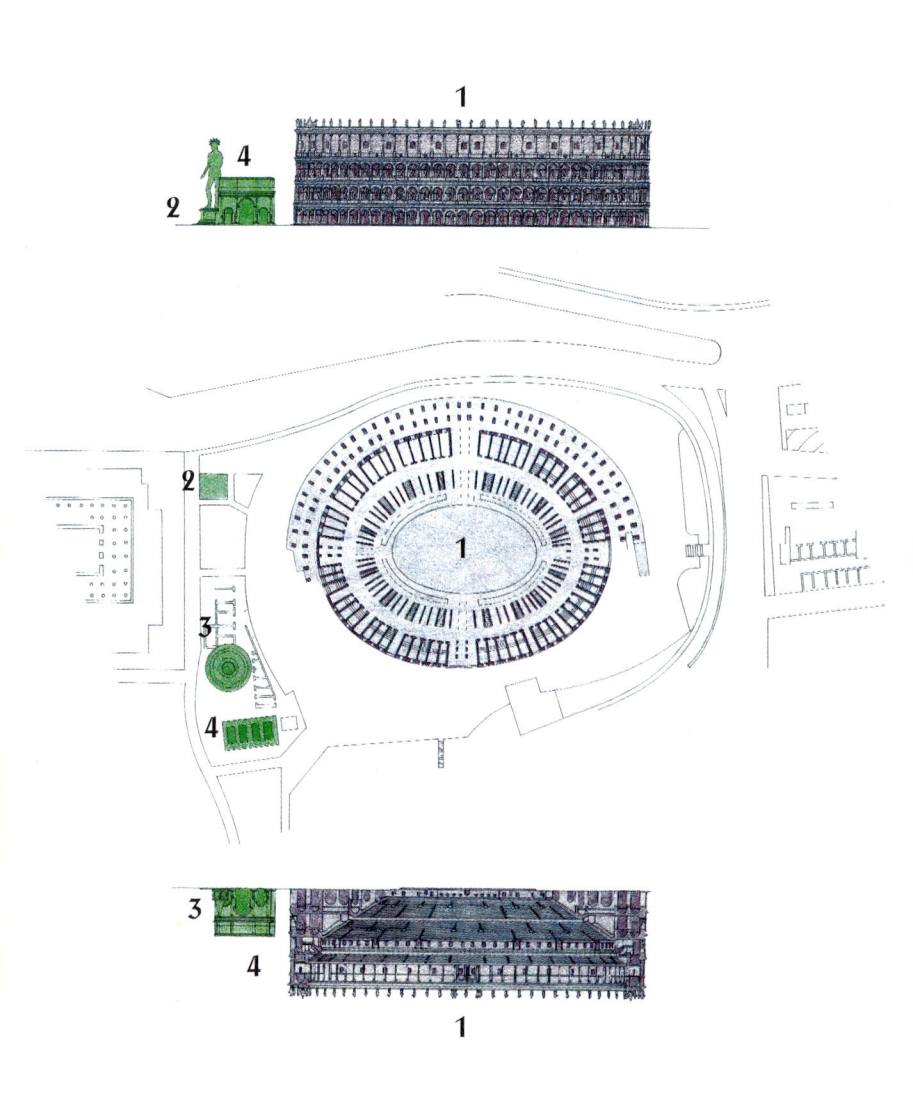

- 1. Kolosseum
- 2. Die Kolossalstatue Neros
- 3. Meta Sudans
- 4. Konstantinsbogen

Das Tal des Kolosseum

Das Tal um das Kolosseum sah vor der Gruendung der Stadt Rom völlig anders als jetzt aus: es war schmal, tief und war von Anhöhen rundherum beherrscht.
Durch die vielen kleinen Bäche, die von den Huegeln herabflossen, entstand in der Mitte ein sumpfiger Tuempel.
Hier trafen sich auch die Dorfbewohner und Hirten der umliegenden Huegeln, um Feste zu feiern.

Man nimmt an, dass das Tal in republikanischer Zeit trockengelegt wurde, aber dennoch wurden dort nie Gebäude fuer die Allgemeinheit gebaut, sondern das Tal blieb eine Gegend fuer private Wohnhäuser.

Die erste grosse Veränderung des Tales fand mit dem Bau der *Domus Aurea,* dem Wohnsitz Neros', statt. Nero liess sich diese Residenz nach dem Brand im Jahre 64 p.C. errichten.

Diese *domus* (stammt aus dem Lateinischen und heisst "Haus")
war in Wirklichkeit eine echte Kaiserresidenz (sie besetzte ein
Viertel der damaligen Stadt Rom!) und verlief ueber alle Huegel, die Du rund um das Tal sehen kannst.
Dort wo heute das Kolosseum steht, gab es einen kuenstlichen See. Kaiser Nero liebte es nämlich dort zu jagen.

Als nach dem Tode Neros Vespasian der neue Herrscher wurde, beschloss dieser den Römern wieder die ihnen weggenommenen Plätze zurueckzugeben. Anstatt des Sees wurde ein wunderbares Gebäude, in dem man Spielen und Auffuehrungen beiwohnen konnte, errichtet. Wir meinen damit das Amphitheater Flavio welches besser unter dem Namen -Kolosseum- bekannt ist. Auch Vespasian war es, der den monumentalen Brunnen die *Meta Sudans* in der Nähe des Amphitheaters bauen liess. Später dann wurde der Platz durch eine enorm grosse Statue Neros verschönert (mittlerweile ist die Statue dem Sonnengott gewidmet). Diese Statue liess Hadrian aus dem Forum hierher transportieren.
Das letzte Monument, welches hier erbaut wurde, ist der Konstantinsbogen.

Das Kolosseum

Bevor wir in das Kolosseum hineingehen, sehen wir uns das riesige Monument und Symbol Roms erst mal von aussen an.
Es hat die Form eines riesigen Rugbyballs, ist also ellipsenförmig, was sehr zur guten Sicht bei Vorstellungen beitrug. Aussen ist das Kolosseum cirka 50 Meter hoch und in 4 Stockwerke geteilt. Die ersten 3 Stockwerke sind mit Bogengängen ausgefuehrt und der vierte Stock mit Fenstern. Die Bauzeit des Kolosseum betrug gute 8 Jahre und tausende von Arbeitern arbeiteten auch zugleich an den einzelnen Stockwerken.

Dieses wirklich späktakuläre Monument wurde im Jahre 80 p.C. mit einem Fest und Zeremonien, welche 100 Tage (mehr als 3 Monate also!) dauerten, eröffnet.
Der Name Kolosseum ist sicher nicht der urspruengliche Name.
Wahrscheinlich ruehrt er von der Bezeichnung einer riesigen Statue (sie wurde wegen der Grösse eben "Koloss" genannt) her, welche Hadrian hier in der Nähe aufstellen liess!

DAS TAL DES KOLOSSEUM

Die Auffuehrungen fanden nicht, wie heutzutage unsere modernen Theater und Kinos, täglich statt. Man konnte auch die Programme nicht in Zeitungen vorauslesen, sondern es wurden Plakate in der ganzen Stadt aufgehängt und man musste sich schon frueh eine Eintrittskarte mit der Platznummer besorgen.

Die Karten waren fuer die Römer kostenlos und wurden vom Staat bezahlt. Oft organisierten auch Politiker und Kaiser Spiele und Auffuehrungen, um so an Sympatie seitens des Volkes zu gewinnen.

Die Plätze waren je nach Herkunft und Wichtigkeit der Einwohner eingeteilt; der Kaiser und seine Familie nahmen die Plätze in der Ehrentribuene ein, daneben durften die Vestalinnen und danach die Senatoren Platz nehmen. Diese Plätze waren je mit Namen beschriftet. Höher oben befanden sich die Plätze der Adeligen, dann der Ritter und noch höher jene der Männer des Volkes. Die letzten Plätze waren fuer die Frauen des einfachen Volkes vorgesehen.

Im Inneren des Kolosseums, dort wo sich die Arena befand, kannst Du viele Gänge und Räume sehen. Diese dienten als "Abstellräume" und Käfige fuer die Tiere. Diese Gänge und Räume waren mit grossen Holzplatten ueberdeckt, die somit als Boden fuer die Vorstellungen fungierten.

An sehr heissen Tagen wurde das Kolosseum mit einem Leinentuch ueberdeckt, damit die Zuseher vor der Sonne geschuetzt waren.

Die Gladiatorenspiele

Der Brauch der Gladiatorenkämpfe stammt nicht aus der Zeit der Entstehung des Kolosseums, sondern es gab ihn schon viel frueher. Anfangs fanden die Kämpfe bei Begräbnissen von besonders wichtigen Personen statt.
Bald wurden diese Kämpfe zur weitverbreiteten Unterhaltung und verloren somit auch die Tradition als "Trauerkämpfe" im gesamten Reich.
Die Gladiatoren waren meist Sklaven, Kriegsgefangene oder besonders starke, arbeitslose Männer, die hofften, als erfolgreiche Kämpfer bald beruehmt und reich zu werden.
Die Gladiatoren lebten in speziellen Schulen, wo sie in dieser gefährlichen Kunst des Kampfes gelehrt wurden.

Am Tag ihres Auftritts trugen sie eine reich geschmueckte Ruestung und Waffen und betraten die Arena in Reih und Glied, begleitet von den lauten Zurufen der Menschenmenge.
Sie blieben an der Kaisertribuene stehen und sprachen gemeinsam diese Worte: "*Ave Cäsar morituri te salutant!*" (Uebersetzt heisst das: "Oh Kaiser, sei gegruesst von jenen, die bereit sind fuer dich zu sterben!")
Dann ertönten die Trompeten und der Kampf konnte beginnen. Es kämpften immer 2 Personen gegeneinander (Duell) bis einer von ihnen siegte.

Nicht immer bedeutete das Verlieren des Kampfes den Tod. Manchmal wurde der Verlierer nur unbeweglich gemacht und das Volk entschied ueber das Schicksal des Gladiators. Riefen sie "Mitte!" (verschone ihn!), wurde der Gladiator gerettet und nicht getötet, zeigte die Menschenmenge mit dem Daumen nach unten, bedeutete das jedoch den sicheren Tod fuer den Kämpfer.

Ein Gladiator zu sein, war also sehr riskant, aber wir muessen uns vorstellen, dass die Sieger unter ihnen reich beschenkt wurden.
Weiters hatten sie nach einer erfolgreichen Karriere die Möglichkeit in ein freies Leben einzutreten.

DIE VENATIONES

Neben den Gladiatorenkämpfen gab es noch eine andere, fuer das Amphitheater typische "Unterhaltungsform". Es waren die sogenannten *Venationes* oder die Jagd und der Kampf mit wilden Tieren.
Die wilden Tiere, die lange im Finsteren verblieben und ausgehungert waren, mussten entweder gegeneinander oder gegen einen Jäger kämpfen.

Besonderen Wert legte man dabei auf das Buehnenbild: es wurden eigens dafuer Huegeln, kleine Wälder, Wiesen, Bäche, Wuesten usw. gebaut, um die Jagd möglichst wahrheitsgetreu zu gestalten.

Besonders beeindruckend waren die Choreographie und die technischen Hilfsmittel, die dabei verwendet wurden. So kamen alle Kulissengegenstände anhand einer Art Aufzug aus dem Arenaboden hervor. Diese Technik war fuer die damalige Zeit eine echte Leistung und die Zuseher bestaunten die Pflanzen, Bäume, Bäche und hunderte von Tieren aller Art, die aus dem "Erdboden" hervorkamen. Tausende von Menschen sahen zum ersten Mal in ihrem Leben Tiere wie Löwen, Tiger, Elefanten, Giraffen, Affen, Krokodile usw.!

Doch die Vorstellung bestand leider nicht nur aus diesen schönen Kulissen...,
sondern war eine sehr brutale und harte Jagd, in der viele Tiere und Menschen sterben mussten.
Trajan, zum Beispiel organisierte Jagden in denen 11.000 wilde Tiere gejagt wurden und 10.000 Gladiatoren kämpfen mussten.

Die Naumachie

Das Kolosseum beherbergte (wahrscheinlich nur in der ersten Zeit seiner Existenz) eine besondere Art von Auffuehrung: die NAUMACHIE oder Schiffskämpfe. Das Kolosseum wurde dafuer mit Wasser angefuellt und hunderte von Kriegsgefangenen und zum Tode verurteilte Menschen mussten "Krieg spielen". Sie trugen dazu eine Ruestung, die typisch fuer ihre Heeresherkunft war.

Als im Jahre 80 p.C. das Kolosseum eingeweiht wurde, liess Titus eine Schlacht zwischen den Soldaten von Korfu und von Korinth (2 griechische Städte) veranstalten.

SUCHE die richtige Antwort:

[1] *Wie lautet der richtige Name der von der Wölfin gestillten Zwillinge?*
A. Romulus und Remulus
B. Augustus und Claudius
C. Romulus und Remus

[2] *Wo sass der Kaiser während der Spiele im Kolosseum?*
A. Unter der Arena
B. Auf der Ehrentribuene
C. Auf den obersten Sitzplätzen

[3] *Welche dieser Namen gehören zu römischen Monumenten?*
A. Koloss von Rhodos
B. Constantinforum
C. Vestatempel

[4] *Was gab es bevor das Kolosseum erbaut wurde?*
A. Eine Eislaufbahn
B. Ein Jagdsee
C. Eine Autorennbahn

DIE KOLOSSAL STATUE NEROS

Such auf dem Platz das viereckige Beet:
Hier stand einst eine riesige Statue aus vergoldeter Bronze, die Kolossalstatue.
Sie stellte einmal Nero dar und verschönerte das Vestibuel (Atrium) seines Palastes.
Nach dem Tod Neros gestaltete sein Nachfolger Vespasian die Statue um (er liess einen neuen Kopf aufsetzen) und weihte sie dem Sonnengott.
Viele Jahre später liess Kaiser Hadrian an der Stelle des Atriums des Palastes Neros einen wunderbaren Tempel, den Venus und Roma Tempel, bauen.
Um diesen Bau durchfuehren zu können, musste man die Statue von dort entfernen.
So geschah es, dass dieser "Koloss" von 35,5 m auf dem Platz vorm Kolosseum aufgestellt wurde. Die Basis der Statue ist 15 m hoch. Die Summe dieser Zahlen ergibt eine Höhe von ca. 50 m, das heisst die Statue ist so hoch wie das Kolosseum selbst.

META SUDANS
(DAS SCHWITZENDE ZIEL)

Genau vor dem Konstantinbogen kann man die Reste eines monumentalen Brunnens sehen.

Wie das Kolosseum wurde auch dieser Brunnen von den Flaviern errichtet, die damit dem "Reich Neros" einen neuen Aspekt verleihen wollten. Der Brunnen wird so genannt, weil seine Form den Ankunftssäulen im Circus Maximus (wir sprechen später noch darueber) ähnelt; das Wasser kam oben an der Spitze heraus und lief an den Mauern des hutförmigen Brunnenoberteils ab. Es sah aus, als ob der Hut schwitzen wuerde! (ital. "sudante" bedeutet auf deutsch "schwitzend")

Als während des Faschismus Benito Mussolini im Jahre 1936 die Triumphstrasse wieder aufbauen wollte, liess er alle ihm ueberfluessig erscheinenden Gebäude abreissen. So wurden auch die *Meta Sudans* und die Basis des Kolosses zerstört. Erst neuerliche archeologische Ausgrabungen haben die Fundamente wieder ans Tageslicht gebracht.

Der Kostantinsbogen

Der Konstantinsbogen ist der imposanteste römische Bogen, der noch zu sehen ist. Er hat 3 Bögen (Durchgänge) und ist fast 25 m hoch.
Es war Kaiser Konstantin, der den Bogen nach seinem Sieg ueber Maxentius bei der Schlacht von Ponte Milvio (die Milvische Bruecke) im Jahre 312 p.C. bauen liess.

Besonders zu bemerken sind daran die schönen Ausschmueckungen durch Reliefs und Skulpturen.
Die Konstruktion des Bogens fand in einer bereits länger andauernden Krisenzeit Roms statt und viele Kuenstler sind in den Osten nach Konstantinopel (die neue Hauptstadt des Reiches) umgesiedelt. Aus diesem Grunde wurden Reliefe und Skulpturen anderer, älterer Denkmäler gepluendert, um damit den Konstantinsbogen zu errichten.

Das mag Dir eigenartig erscheinen, damals aber wurden oft Teile älterer Denkmäler fuer den Bau neuer Monumente und Bauten verwendet. Denk daran, dass beinahe alle antiken Kirchen in Rom aus Teilen (Säulen, Reliefe, Skulpturen usw.) anderer Monumente aus römischer Zeit bestehen. Im Mittelalter waren diese Bauten ja ohnehin schon zerfallen und kaputt.

Das Tal des Kolosseum

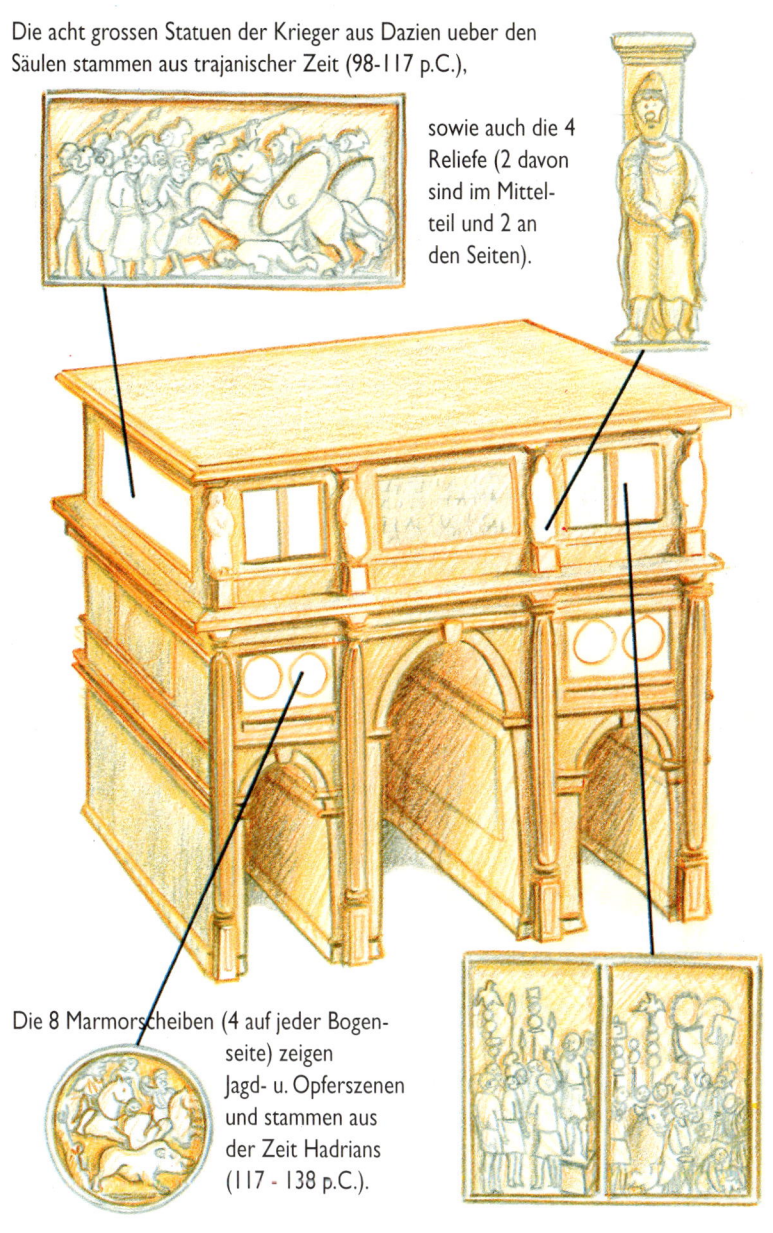

Die acht grossen Statuen der Krieger aus Dazien ueber den Säulen stammen aus trajanischer Zeit (98-117 p.C.),

sowie auch die 4 Reliefe (2 davon sind im Mittelteil und 2 an den Seiten).

Die 8 Marmorscheiben (4 auf jeder Bogenseite) zeigen Jagd- u. Opferszenen und stammen aus der Zeit Hadrians (117 - 138 p.C.).

Die Reliefe im oberen Teil, zwischen den Statuen, stammen aus der Zeit Mark Aurels (169 - 180 p.C.). Alle anderen Bestandteile und Dekorationen stammen aus der Zeit Constantins. Constantin wollte den Römischen Staat reformieren (neu herstellen), aber er wollte zugleich nicht die ruhmreiche Vergangenheit Roms auslöschen.
Aus diesem Grunde pluenderte er Dekorationen von antiken Monumenten und entfernte diese zusätzlich von jenen Bauten, die an wichtige und ruhmreiche Herrscher erinnerten (z.B. Trajan, Hadrian und Mark Aurel). Natuerlich, um die Reliefe und Statuen fuer seinen Bogen verwenden zu können, mussten die Köpfe der darauf dargestellten Herrscher durch seinen eigenen Kopf ersetzt werden!

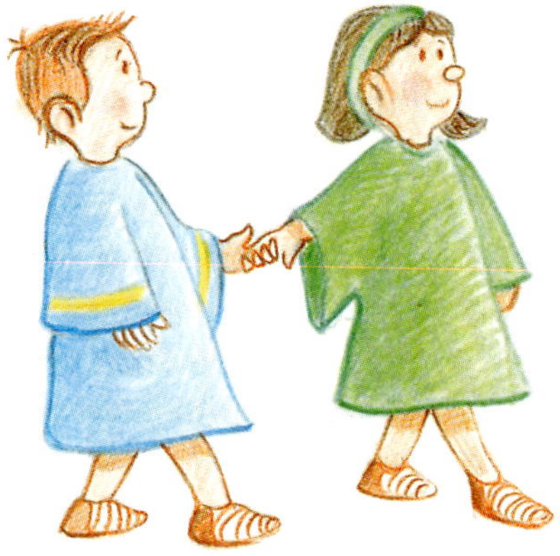

DER CIRCUS MAXIMUS

Via dei Cerchi

Immer geöffnet

Kostenlos

Via dei SS. Quattro (Tel. 7002504)

Das Besichtigungsgebiet ist ausschliesslich im Freien. Das Schönwetter sollte daher genuetzt werden.

Besichtigungsdauer: ca. 1/2 Stunde

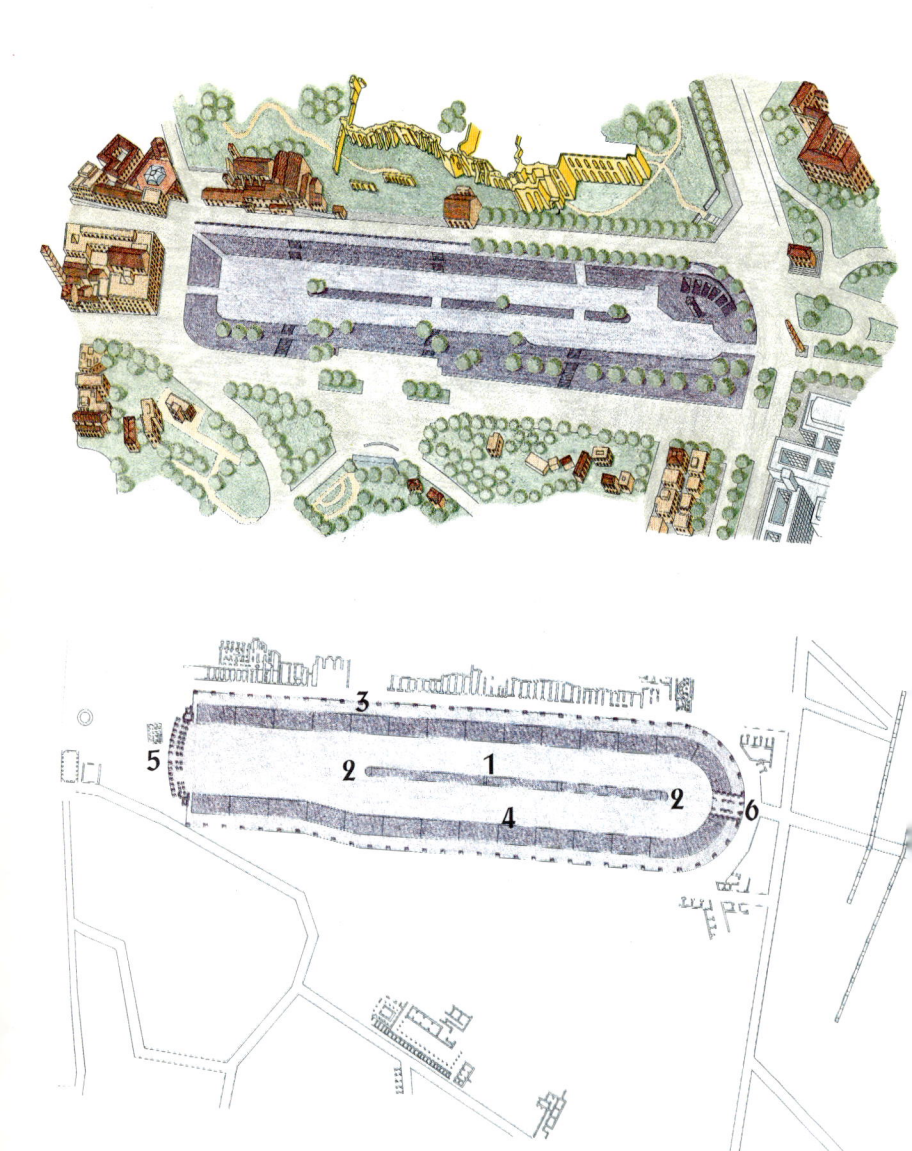

112 KINDER AUF ENTDECKUNGSREISE IM ANTIKEN ROM

- 1. Spina
- 2. Meta
- 3. Tribuene
- 4. Freitreppe
- 5. Carceres
- 6. Eingang

DER CIRCUS MAXIMUM

Nun betreten wir das grösste Gebäude aller Zeiten fuer Spiele und Vorstellungen: den Circus Maximus!
Der Circus Maximus wurde vor der Gruendung Roms als Weideplatz fuer Schafe usw. verwendet.

GROSSE SPIELE ZU EHREN DES GOTTES CONSO

Hier wurden zu Ehren des Gottes Conso Spiele durchgefuehrt. Man sagt, dass am Tag des Einweihungsfestes Romulus den Raub der Sabinerinnen durchfuehren liess. (Diese Legende kannst Du im Kapitel "Geschichte und Legenden" nachlesen.)

Es waren die Tarquinier Könige, denen es gelang das Gebiet trockenzulegen und Holzkonstruktionen und Sitzgelegenheiten fuer die Zuschauer aufzubauen.

In den darauffolgenden Jahrhunderten wurde der Circus Maximus erweitert; die Holzbauten wurden durch Steinmauern ersetzt und man stellte verschiedene kleine Statuen und Monumente zur Verschönerung auf.

Nun aber sehen wir uns den Circus Maximus genauer an und durchleuchten auch die Spiele, die dort stattfanden, genauer.

Der Circus ist 621 Meter lang und 118 Meter breit (man könnte dort gute 6 Fussballfelder aneinanderreihen!) und hatte eine rechteckige, sehr langgezogene Form mit einseitig abgerundeten Ecken. In der Mitte des Feldes erstreckte sich fast der ganzen Länge nach die *Spina*: dies war eine niedrige Mauer, die anfangs aus Lehm, dann aus Stein und später aus Marmor bestand. Die Mauer wurde nach und nach mit kleinen Statuen, Tempeln, Brunnen und an den beiden äusseren Enden mit 2 Meten (hutförmige Säulen) verschönert und dekoriert. Augustus (10 a.C.) zum Beispiel stellte dort einen wunderbaren Obelisken aus Agypten, den Obelisk von Ramsete II. auf. (Heute kannst Du diesen Obelisken auf der Piazza del Popolo ansehen.) Ein anderer Obelisk (heute steht er auf dem Platz von S. Giovanni in Lateran) wurde von Kaiser Costantius II. im Jahre 357 p.C. aufgestellt.

Der Circus konnte 250.000 Zuschauer fassen, die auf den Freitreppen an 3 Seiten des Circus Platz nahmen. Die vierte Breitenseite war fuer die *Carceres* vorgesehen; dies waren Boxen, von denen aus die Wagen losfuhren. Anfangs waren die Freistufen aus Holz gebaut, doch nach mehrmaligen Bränden liess Trajan das Holz durch Gestein ersetzen.

Das Wagenrennen

Jedes Wettrennen wurde mit einem feierlichen Umzug (die *pompa circensis*) an dem alle Teilnehmer mit ihrer Ausruestung teilnahmen, eröffnet.

Die Teilnehmer waren in "Rennställe" oder unterschiedliche Fraktionen unterteilt. Man erkannte sie an ihren verschiedenen Farben: Rot (lateinisch: russata), weiss (lat: albata), hellblau (lat: veneta), gruen (lat: prasina), purpurrot (lat: purpurea) und goldfarbig (lat: aurata).

Die Pferde, die Wagen und ihre Fahrer waren je in ihrer zugehörigen Farbe gekleidet und geschmueckt und auch die Zuseher kleideten sich in der Farbe, fuer die sie die "Daumen halten" wollten.

Der Circus Maximus 115

Jetzt aber aufgepasst, das Rennen beginnt! Die Wagen starten von den *carceres* (Boxen) und fahren mit höchstmöglicher Geschwindigkeit; jener, der als erster 7 Runden gedreht hat, ist der Gewinner! Alles ist dabei erlaubt! Die Fahrer stossen sich gegenseitig vom Wagen oder versuchen den Gegenwagen an die Spina (Mauer) zu drängen. Jeder Wagenlenker versucht sich mit Schutzkleidung aus Leder vor den Stössen zu schuetzen, aber dennoch kommen nicht alle von ihnen heil an das Ziel! Jeder Unfall wird mit Schreien und Zurufen seitens des Publikums begleitet.

Die Wagenlenker stammten meist aus armen und ausländischen Familien.
Wenn einer aber Erfolg hatte und lang lebte, konnte er sich einen grossen Namen machen und sehr reich werden.

Erfolgreiche Wagenlenker und Pferde konnten sehr beruehmt werden und einen guten Ruf erhalten. Aus diesem Grund hatten sogar manche Herrscher wie Caligola und Nero an Rennen teilgenommen, um so ihre Geschicklichkeit unter Beweis zu stellen.

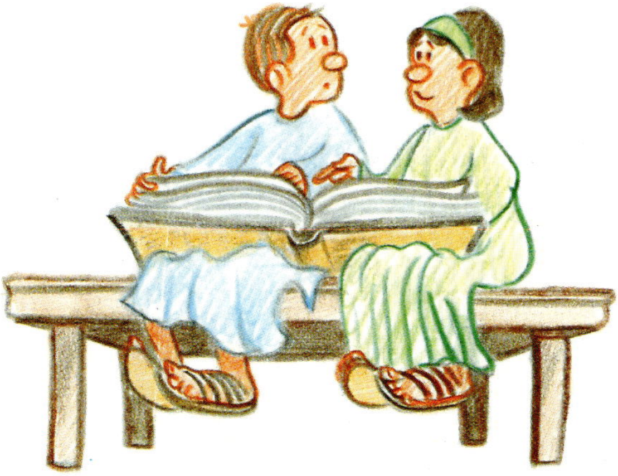

Geschichten & Legenden

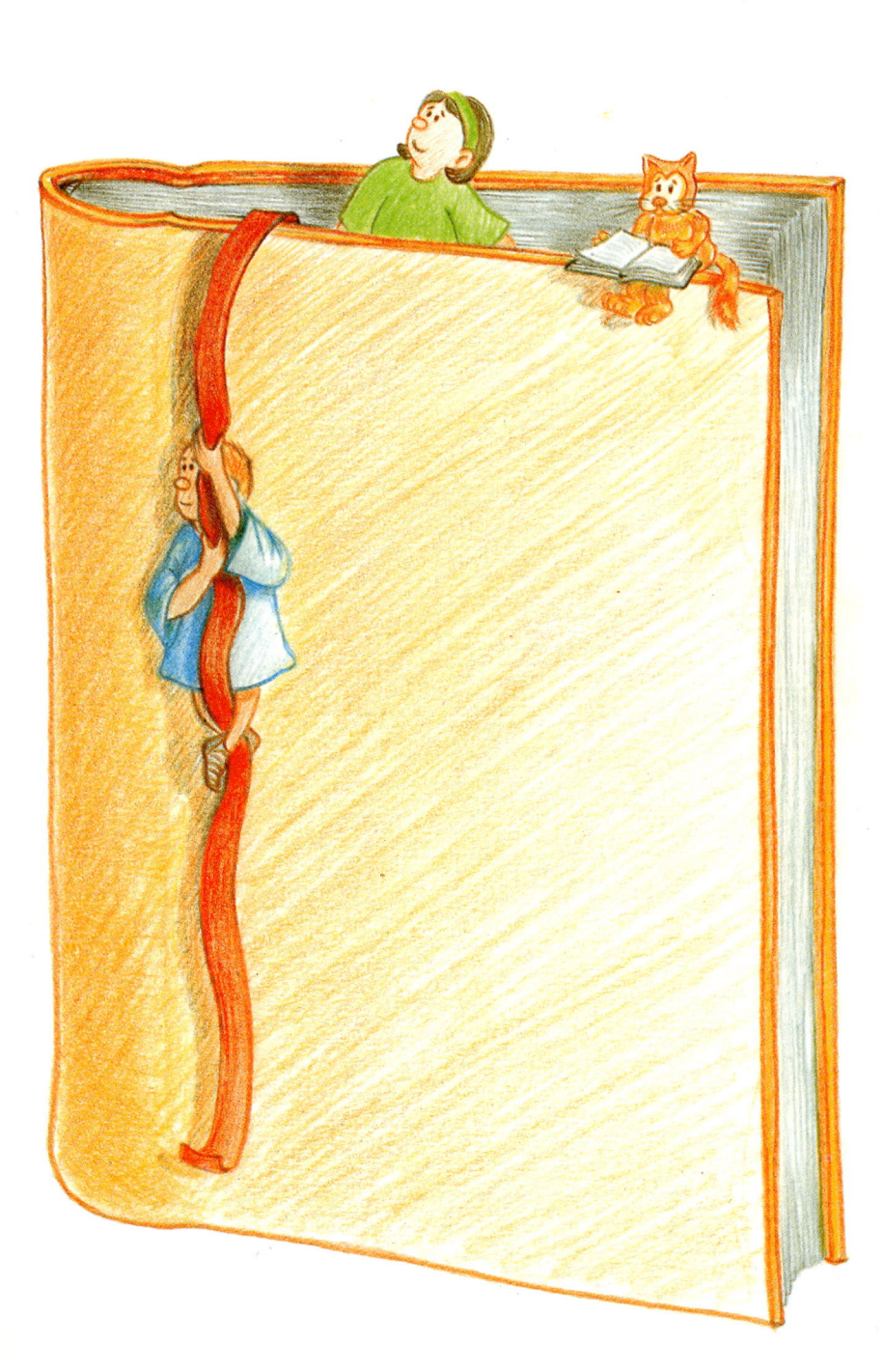

Die Gruendung Roms

Die genaue Geschichte ueber die Gruendung Roms kennt niemand so genau. Die Römer erfanden daher schöne Geschichten, um so die Entstehung ihrer Stadt zu erklären. Sie setzten den 21. April 753 a.C. als Gruendungstag fest.
(7-5-3 schluepfte Rom aus dem Ei!)

Äneas Landung

Änea war Bewohner von Troja in Kleinasien (in der heutigen Tuerkei). In der Zeit der Stadtbelagerung war er gezwungen mit seinem Sohn Ascanius aus der Stadt zu fliehen und kam auf abendteuerlichem Weg in das Latium, ganz in die Nähe der Tibermuendung.

Viele Jahre darauf wurde Numitor König von Alba Longa (eine von Äneas' Sohn gegruendete Stadt im Latium), doch sein Bruder Amulius entthronte ihn und ernannte sich selbst zum König. Numitor hatte eine Tochter namens Rea Silvia. Amulius zwang sie Vestalin (Priesterin) zu werden, da sie so keine Kinder bekommen durfte. Die Legende besagt, dass Rea Silvia sehr schön gewesen sei und sich daher der Gott Mars in sie verliebt hätte. Rea Silvia und der Gott Mars zeugten so die Zwillinge, was dem Amulius absolut nicht passte. Er war es, der daraufhin die Zwillinge in einen Korb legte und sie am Tiberufer aus.

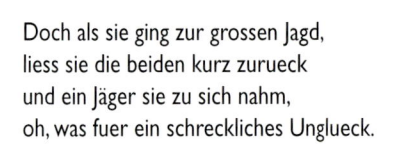

Romulus und Remus

Von der Wölfin wurden sie gefunden,
als diese drehte ihre Runden.
Sie stillte und liebkoste sie
und sagte:"Verlassen werd' ich die beiden nie!"

Doch als sie ging zur grossen Jagd,
liess sie die beiden kurz zurueck
und ein Jäger sie zu sich nahm,
oh, was fuer ein schreckliches Unglueck.

Der Jäger brachte die zwei seiner Frau,
die selig ausrief:
"Das sind die Zwillinge - so schau!"

Geboren von Rea Silvia und Gott Mars,
wer weiss, wo die Jägersfrau das "las",
war ueberzeugt von ihren Worten
und erzählte Geschichten von allen Sorten.

GESCHICHTEN UND LEGENDEN

Die Zwillinge fragten sich:"Was nun -
Können wir nichts fuer unser Land hier tun?
Doch, ich hab's - wir gruenden eine Stadt, die aber wirklich Hand und Fuesse hat!"

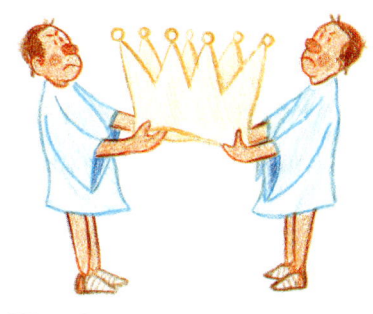

Doch es gab da ein Problem,
eine Stadtgruendung - ja- aber von wem?
zwei "Wohltäter" sind da zuviel
und es handelt sich dabei um kein Spiel!

Wer soll entscheiden?
Ja nur die Götter,
denn die sind objektiv
und man braucht dazu keinen Detektiv.

Und bis dahin, was soll geschehen?
Wir können doch nicht tatenlos zusehen!
Doch Romulus wartete auf dem Palatin
und Remus bevorzugte den Aventin.

Eines Tages als Remus 6 Vögel sah,
hielt er sein Glueck fuer wirklich nicht wahr.
Er sprach:"Ich werde der neue König sein,
das soll nun wissen gross und klein!"

Doch sein Bruder Romulus
meinte kurz:"Jetzt aber Schluss!
Ich zähle 12 und das sind 6 mehr
ich gruende Rom, da schau doch her!"

Der Raub der Sabinerinnen

Um die Stadt schnell zu bevölkern, eröffnete Romulus ein "Heim", in dem Fluechtlinge aus anderen Städten Unterschlupf finden konnten. Da diese Fluechtlinge meist Männer waren, musste Romulus einen Weg finden, damit auch Frauen in die Stadt kamen.

Wenn wir wollen Nachwuchs haben,
muessen Frauen her, in grossen Scharen.
Wir brauchen Frauen und muessen sehen,
wie dazu die Sabinerinnen stehen!

Um das Problem hier schnell zu lösen,
duerfen wir nicht durch die Gegend dösen.
Mit List werden wir uns Frauen stehlen,
das wird klappen, ihr werdet schon sehen!

Am besten wir machen ein grosses Fest
mit Tanz, Essen und Sonnenschein
und stecken die Frauen dann in Säcke rein.

Wenn ich dann pfeife, ganz ganz laut
packt alle Frauen auf die Wägen
und fluechtet schnell,
ihr habt meinen Segen!

Titus Tatius verlangte daraufhin Revanche
und erklärte Romulus den Krieg,
wo er erhoffte einen schnellen Sieg.

Diese Geschichte ist wirklich wahr,
gleich sehen wir, was nachher geschah.
Ob ihr's glaubt oder nicht, meine Lieben,
es endete mit einem Frieden!

Geschichten und Legenden

Tarpeja

Den Sabinern gelang es nicht in die befestigte Stadt Rom einzudringen. Der König der Sabiner Titus Tatius ueberzeugte Tarpeja, die Tochter des Felsbeaufsichtigers am Kapitol, ihnen zu helfen. Sie sollte die Sabiner in die Stadt einlassen und hätte als Dank alles, was die Sabiner an der linken Hand trugen, geschenkt bekommen. (Sie dachte dabei hauptsächlich an die Armreifen und den Schmuck.) Als die Sabiner dann tatsächlich in die Stadt eindrangen, bekam Tarpeja auch wirklich alles aus der linken Hand der Krieger - doch handelte es sich dabei nicht um den erhofften Schmuck, sondern um schwere Schilder, Ruestungen und Waffen. Tarpeja starb unter dem grossen Gewicht dieser eisernen Gegenstände, die Sabiner jedoch erreichten ihr Ziel und drangen in die Stadt Rom ein!

Der Friede zwischen Römern und Sabinern

Als die Sabiner hatten es satt -
und drangen ein in die römische Stadt,
waren jedoch zu tiefst erschrocken,
denn die sahen nur Kinder "herumhocken"!

Es waren die Kinder aus eigenem Haus,
so sahen sie jedenfalls mal aus.
Es waren die Kinder von Sabinischen Frauen!
Die sabinischen Krieger konnten ihren Augen nicht trauen!

Ein Sabiner meinte: "Das kann doch nicht sein,
das Kind ähnelt meiner Schwester als sie war klein!
Das ist also meine Nichte -
Na, so eine Geschichte "!

Auch Tatius, unser König muss verstehen,
dass wir nicht in den Krieg gegen Verwandte gehen.
Tatius meint: "Wir werden Frieden schliessen,
und nicht mehr auf Verwandte "schiessen"!

So geschah es, dass Sabiner und Römer,
die einst Feinde waren, sich umarmten und das in grossen Scharen!

Die römischen Könige waren 7 an der Zahl: Romulus Numa Pompilius, Tullus Hostilius, Ancus Martius, Tarquinius Priscus, Servus Tullius und Tarquinius Superbus. Als der letzte König verjagt wurde, rief man Rom zu einer Republik aus.

MUTIUS SCÄVOLA

Als Tarquinius Superbus von Rom verjagt wurde, versuchte dieser gemeinsam mit dem etruskischen König Porsenna Rom zurueckzuerobern. Um dies zu verhindern, zerstörten die Römer die Verbindungsbruecke Sublicius und die Etrusker waren gezwungen, sich auf der gegenueberliegenden Tiberseite niederzulassen:

Caius Mutius hatte eine Mission:
"Laufe schnell in etruskische Region,
verpasse dem König einen schnellen Tot
wirst sehen,
so beendest Du unsere Not!"

Ach du meine liebe Guete,
 er hat den Stock schon in der Tuete.
 kann den König jedoch nicht erkennen;
 soll er nicht besser nach Hause rennen?

Was mach ich nun?
Was soll ich tun?
Die ähneln sich aber alle sehr,
ich versteh die Welt nicht mehr!

Schnell versteck ich mich nun hier,
denn ich seh' einen eleganten Kavalier!
Oh all ihr Götter, steht mit bei,
dass es auch nicht der Falsche sei!

Wie es das Schicksal halt so wollte
war es der Falsche, der zu Boden rollte.
"Was mach ich nun, was soll ich tun?
Bin ich doch wirklich ein dummes Huhn!"

Die Etrusker kamen schnell gerannt
und haben Caius Mutius sofort erkannt.
"Gib' nur her, Deine rechte Hand,
denn die wird nun ueber Feuer verbrannt!"

Und seit daher, kann ich Euch sagen,
könnt aber auch Geschichtsbuecher befragen,
Caius von da an wurde genannt
der Linkshänder, und er wurde verbannt!

Geschichten und Legenden

Die Legende der Dioskuren

Im Jahr 499 a.C. wurde Tarqinius Superbus, welcher sich mit den Latinern verbuendet hatte, in der Schlacht am Regillosee geschlagen. Die Römer erzählen, dass die Zwillingssöhne von Jupiter, Kastor und Pollux auf die Erde kamen, um Rom zum Sieg in der Schlacht gegen Tarqinius und die Latiner zu verhelfen.

Viele Jahre später schrieb Dionysius von Alicarnassus ueber die Schlacht am Regillosee folgende Worte:"Während der Schlacht erschienen plötzlich zwei im Vergleich zu den anderen Kriegern viel besser aussehende und stattlichere junge Ritter; sie fuehrten die römischen Ritter an, schlugen die Latiner zurueck bis diese zur Flucht gezwungen waren.
Man erzählt, dass man am selben Abend im Forum Romanum zwei wunderschöne junge Männer in Militärskleidung gesehen hätte. Sie tränkten und wuschen ihre verschwitzten Pferde an einem Springbrunnen nahe des Vestatempels und erzählten allen Wissbegierigen im Forum ueber den Ausgang der Schlacht d.h. den ruhmreichen Sieg der Römer. Danach wurden die beiden mysteriösen Ritter nie wieder gesehen.".

DIE KAPITOLINISCHEN GÄNSE

390 a.C. erlitten die Römer am Fluss Allia eine der schlimmsten Niederlagen aller Zeiten. Sie verloren gegen die von Brenno angefuehrten Gallier.
Viele Einwohner fluechteten, manche fanden auf dem Kapitolshuegel Unterschlupf und der Senat wartete regungslos auf das Eindringen der Feinde in die Stadt.
Als die Gallier die römischen Senatoren regungslos im Senat vorfanden, dachten sie, es seien Statuen und keine Menschen. Um sich von der Echtheit der Senatoren zu ueberzeugen, zog ein Gallier am Bart eines Mannes. Dieser schrie laut auf und ohrfeigte wuetend den gallischen Eindringling. Die Senatoren wurden daraufhin alle getötet.
Brenno raubte die ganze Stadt aus und versuchte dann mit einem Trick das Kapitol zu erobern, denn dort waren viele Schätze der Stadt untergebracht. Der Trick bestand darin, dass er nachts, in der Hoffnung auf einen Ueberraschungseffekt angreifen wollte.

Die Eroberung bei Nacht,
das wird verlaufen alles sacht.
Denn die Römer schlafen zu dieser Zeit,
los gehts, Gallier, hält Euch bereit!

So gingen sie ganz sanft und leise,
es war absolut keine Vergnuegungsreise!
Hinauf auf den Huegel vom Kapitol,
dort werden sie finden die Schätze wohl!

Als man sah: Das Heer, es schlief!
Hörte man den Gallier, der rief:
"Wir brauchen keinen langen Krieg,
denn wir erreichen mit List den Sieg!"

Doch an eines dachten sie nicht!
Fast oben, schon in naher Sicht,
waren die "Kapitolinischen Gänse" zu Haus,
die hörten jedes Geräusch, selbst von der Maus!

Sie schrien: "Da sind Feinde!" ganz laut
"Wacht auf ihr Römer, kommt und schaut!"
"Schluepft heraus aus euren Betten,
ihr muesst doch schnell das Vaterland retten!"

Geschichten und Legenden

Brenno entschied, nachdem er das Kapitol 7 Monate belagerte und es aber nicht erobern konnte, sich zurueckzuziehen. Er wollte dies aber nur unter einer Bedingung tun: Die Römer sollten den Galliern 1.000 Pfund (Du darfst das nicht mit dem heutigen Pfundwert vergleichen!) Gold zahlen.

Die Gallier hatten sich aber einen Trick ausgedacht und verstellten die Waage zu ihrem Vorteil, worueber die Römer sich lebhaft beschwerten. Brenno verteidigte sich und schrie: "Vä victis!" (das bedeutet "wehe den Besiegten"!) und warf auch noch sein Schwert auf die Waage um so noch mehr Gewicht bzw. Gold "herausschinden" zu können. Daraufhin fing Furius Camillus, ein tapferer römischer Buerger zu schreien an: "Nicht mit Gold verteidigt man sein Vaterland, sondern mit dem Eisen" (er meinte damit das Schwert) und er holte sein Schwert hervor und begann wie verruockt zu kämpfen, bis es ihm gelang die Gallier zur Flucht zu zwingen.

Niemand kann bis heute mit Sicherheit die Richtigkeit dieser Geschichte bestätigen. Sicher ist, dass die Römer bis zur Zeit Julius Cäsars eine furchtbare Angst vor den Galliern hatten. Cäsar machte dieser Angst ein Ende, indem er Gallien eroberte und es sich "unter den Nagel riss".

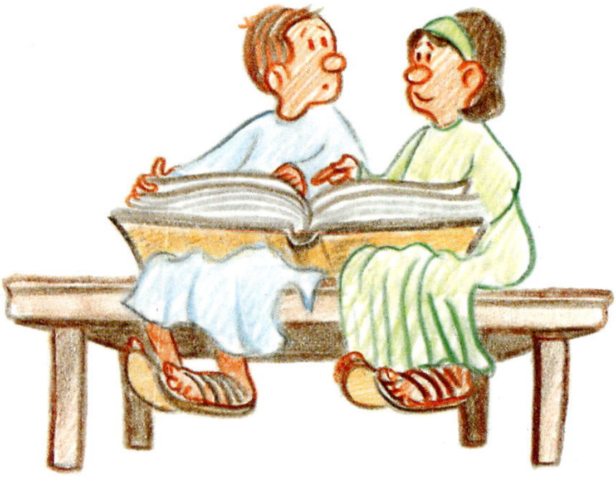

Aspekte des Täglichen Lebens

Das Tägliche Leben der Roemischen Kinder

Wenn ein roemisches Baby zur Welt kam, wurde es als Zeichen der Annerkennung seitens des Vaters zu seinen Fuessen gelegt. Hob der Vater das Kind auf, bedeutete das die Vaterschaftsanerkennung - wurde das Kind nicht anerkannt, so legte man es zu Fuessen der sogennanten "Milchsäule". Jeder der wollte, konnte das Kind aufheben und zu sich mitnehmen, also es adoptieren. Die Adoption von Kindern war im damaligen Rom sehr verbreitet. Jeder Familienchef, der *Pater familias*, der in die Politik einsteigen wollte, musste Kinder haben. Hatte er eben keine eigenen Kinder, wurden welche auf diese Art adoptiert. Oktavian zum Beispiel (er war der erste Kaiser von Rom und trug den Namen Augustus), war ein Adoptivsohn von Julius Cäsar.

Die Neugeborenen erhielten erst nach 8 oder 9
Tagen ihre Namen.
Den Jungen gab man 3 Namen: den *pränomen* (der Vorname), den *nomen* (dieser zeigte die "Herkunft" des Kindes an) und den *cognomen* (der Nachname, den die gesamte Familie trägt). Die Mädchen erhielten nur den *nomen*. Am Tag der Geburt erhielten die Kinder einen Gold -oder Lederanhänger, die sogenannte *bulla*. Diesen Anhänger trugen die Jungen bis sie volljährig waren, während die Mädchen ihn bis zur Hochzeit trugen. Der Besitz einer *bulla* bedeutete, dass die Eltern des Kindes keine Sklaven waren.

Die Schule gab es damals auch schon; der Unterricht fand entweder im Freien oder in irgendwelchen Läden statt und dauerte von frueh morgens bis zum Nachmittag an. Die Klassen waren gemischt.

ASPEKTE TÄGLICHEN LEBENS 129

Die Mädchen hörten mit 12 Jahren mit der Schule auf und erhielten zu Hause ihre weitere Erziehung und Ausbildung.
Mit 14 Jahren wurden sie bereits als heiratsfähig betrachtet.
Die Buben währenddessen setzten ihre Ausbildung längere Zeit fort.

Der meistgelehrte Gegenstand war die Retorik; das ist die Kunst des Sprechens.

Man benötigte nämlich eine gute Retorik, wenn man bei Versammlungen, Senatssitzungen, Verhandlungen usw. die Menschen von seiner eigenen, guten Idee ueberzeugen wollte.

Im damaligen Rom lebten wirklich viele fantastische Redner. Einer der bekanntesten Redner war vielleicht Cicero. Heute noch liest man im Unterricht seine Reden, die immer noch ein wichtiges Dokument sind und uns ueber das Leben im damaligen Rom informieren.

Auch die in der römischen Zeit lebenden Kinder hatten ihre Spielsachen. Sie hatten verschiedene Rasseln, Puppen, Bälle, Ringe, die mit einem Stock zum Rollen gebracht wurden und so weiter.
Natuerlich waren die Spielsachen nicht, so wie heutzutage aus Gummi, denn dieses Material wurde erst viele viele Jahre später (nach der Entdeckung Amerikas) nach Europa eingeführt. Die damaligen Spielsachen waren aus Holz, Stein oder Knochen gemacht.

Die Kinder machten auch Gemeinschaftsspiele wie z.B. das Blindekuhspiel oder eine Art Damespiel.

Die kleinen Buben waren mit der Toga bekleidet. Die Toga war ein bodenlanges Gewand in weiss, mit roten Rändern. Die Toga mit rotem Rand nannte man die *toga prätexta*. Hatte der Knabe die Volljährigkeit erreicht, wurde die Toga prätexta durch die *toga virilis* ersetzt und die *bulla* (der Anhänger) wurde abgenommen.
Der volljährige Junge wurde vom Vater in das Forum begleitet, wo er in die Städterliste eingeschrieben wurde.
Er war nun bereit den *cursus honorum* (die politische Karriere) zu beginnen und in das Militärleben einzusteigen.

KOMMUNIKATIONSSYSTEME

Im Altertum gab es natuerlich kein Telefon und man hatte nur sehr einfache Mittel, um miteinander kommunizieren zu können. Oft verwendete man dazu die Rauchzeichen oder aber man verwendete Trommeln und Trompeten zur Nachrichtenuebermittlung. Solange es sich dabei um einfache Nachrichten handelte, funktionierte dieses System sehr gut. Mit einfachen Trompetennoten rief man zur Versammlung auf (natuerlich ging das alles nur bei relativ kleiner Entfernung). Schwieriger wurde es, wenn man den Feldherren ueber einen Angriff informieren wollte, oder vielleicht einen Schlachtplan besprechen musste.

In solchen Situationen war der Bote die einzige Lösung.

Was tun, wenn ein Bote von Rom in eine weit entfernte Gegend des Reiches eilen musste und schnell wieder mit der Antwort zurueckkehren sollte? Die Reisen damals waren kein "Honiglecken": Die Strassen waren nicht asphaltiert und es war fuer den Boten, aber auch fuer das Pferd sehr anstrengend.

Oft hatte es der Bote nicht geschafft die Antwort rechtzeitig zurueckzubringen.

Dieses Problem musste auf jeden Fall gelöst werden- war doch das Römische Reich mittlerweile ein riesiges Gebiet geworden und die Nachrichten mussten einfach auch an die weitest entfernten Teile des Landes rechtzeitig gelangen koennen.

In Kriegszeiten mussten die Konsuln, der Senat und der Kaiser einfach wissen, ob das Heer eine Verstärkung braucht, wer gewinnt oder ob man ein Friedensabkommen durchfuehren sollte. Aus all diesen Gruenden begannen die Römer ein von den Persern bereits verwendetes Nachrichtensystem in Kraft zu setzen: Sie stellten entlang der Hauptwege kleine "Stationen" auf, damit ein Bote nur von einer Station zur anderen eilen musste.

Die Stationen waren relativ nahe aneinander gebaut, damit die Nachrichten schneller uebermittelt werden konnten und man weniger Muehe hatte.

Der Staat hatte zur Kontrolle dieses Systems eigene Amtspersonen eingestellt.
Sie waren fuer ihre Provinz verantwortlich und mussten dafuer sorgen, dass die
Strassenverhältnisse in Ordnung waren. Weiters sorgten sie fuer die Verpflegung der
Boten und trachteten danach, dass immer schnelle und ausgeruhte Pferde zur
Verfuegung standen.
Mit diesem System konnte die zentrale Regierung sicher sein, immer die neuesten
Nachrichten aus den Provinzen zu erhalten.

Viel schwieriger und komplizierter muss die Nachrichtenuebermittlung in der Stadt
Rom selbst gewesen sein.

Das Problem war dabei nicht das Fehlen der Boten (die Patrizierfamilien verfuegten alle ueber eine grosse Anzahl von Sklaven, die Botengänge erledigen konnten) und es lag auch nicht an den Entfernungen innerhalb der Stadt (auch wenn Rom sehr gross war), sondern daran, dass die Strassen keine Namen und die Häuser keine Nummern hatten. Man wusste nie genau wo der eventuelle Nachrichtenempfänger wohnte und man musste sich mit Adressen wie "er wohnt in einer kleinen Strasse hinter dem Forum" oder " in der Nähe eines kleinen Tempels" begnuegen.

Ein anderes, damals sehr beliebtes Vermittlungssystem waren die Brieftauben.
In Rom konnte man sehr gut ausgebildete Brieftauben kaufen, aber sie waren sehr
teuer!
Julius Cäsar machte von Brieftauben besonders in
Kriegszeiten grossen Gebrauch, denn die Tauben
ueberbrachten sehr schnell die Neuigkeiten und mussten sich nicht
mit schlechten Strassenverhältnissen abmuehen.

KOMMUNIKATIONSSYSTEME 133

Wenn wir die heutigen Kommunikationsmittel (das Telefon z.B. ermöglicht uns eine sofortige Antwort) mit den damaligen vergleichen, erscheint die Brieftaube lächerlich, auch wenn diese Geschwindigkeiten eines Zuges erreichen.

Auch heute noch vertrauen wir unsere Nachrichten einem "Boten" an, der sie direkt aufnimmt und an den Empfänger weiterleitet.

Die heutigen Boten sind klare Impulse, die von ganz feinen Glasdrähten weitergegeben werden. Diese Spezialdrähte sind das Ergebnis der fortgeschrittenen Technologien von heute.
Der Zeitabschnitt in dem der Impuls ueber diese Drähte abgeht um an den Empfänger zu gelangen und dann wieder zurueck an den "Absender" zurueckzukommen, ist so gering und minimal, dass wir ihn nicht bemerken können - auch nicht, wenn wir mit einem weit entfernten Freund am Telefon sprechen.

Das Prinzip der Kommunikation hat sich nicht geändert seit damals: Wir brauchen auch heute noch jemanden, der unser "Nachrichtenpaket" aufnimmt und es an den Empfänger bringt.

Was sich aber geändert hat, sind die Kommunikationsmittel, die Technologien die verwendet werden und somit die Geschwindigkeit der Nachrichtenuebermittlung.

Die Wasserversorung

Wenn wir den Wasserhahn aufdrehen, ist es fuer uns ganz selbstverständlich, dass da Wasser herauskommt. Hast Du Dich aber je gefragt, wie das Wasser in Dein Heim kommt?

Die Bewohner des antiken Roms kannten dieses System der Wasserversorgung noch nicht und mussten mit Eimern im Tiber Wasser zum Trinken, Waschen und Kochen holen. Bald bemerkten sie, wie muehsam das war und dachten sich ein anderes System aus: Sie bauten die Dächer ihrer Häuser so, das vom Dach das Regenwasser direkt in ein Basin (ein Behälter) abrinnen und dort gesammelt werden konnte.

Wie wir aber alle wissen regnet es in Rom nicht sehr häufig und die praktisch-denkenden Römer konnten auch dieses Problem gut lösen. Sie bauten die ersten Aquädukte (Kanäle), um den Römern den taeglichen Wassergebrauch zu sichern.

Der erste Aquädukt, *das Aqua Appia*, wurde im Jahre 312 a.C. konstruiert. Das sind ca. 400 Jahre nach der Gruendung der Stadt. Später kamen 10 weitere Kanäle nach und der letzte Aquädukt aus dem Jahr 226 p.C. heisst *Aqua Alessandrina*.

DIE WASSERVERSORGUNG 135

Auf diese Art und Weise gelangten täglich ueber 1.000 Liter Wasser pro Person nach Rom (das ist ca. doppelt so viel pro Einwohner als heutzutage, wenn wir auch bedenken muessen, dass sich die Einwohnerzahl um mehr als die Hälfte verdoppelt hat!).

Im allgemeinen bevorzugten die Römer das Gefälle fuer den Wassertransport auszunuetzen und bauten dazu kilometerlange bogenförmige Aquädukte die leicht bergab verliefen und brachten auf diese Weise das Wasser von der Quelle in die Stadt.

In manchen Faellen, aber nur sehr selten, verwendete man auch dichte Wasserleitungen (sog. Siphon), um so den Höhenunterschieden Herr zu werden.

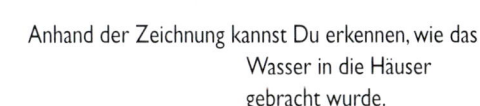

Anhand der Zeichnung kannst Du erkennen, wie das Wasser in die Häuser gebracht wurde.
Als im Jahre 537 p.C. die Goten die Stadt Rom besetzten, unterbrachen sie alle Aquädukte, und nur das unter der Erde verlaufende Aquädukt, das *Acqua Virgo*, blieb erhalten.
Heute noch bezieht der Trevibrunnen (Fontana di Trevi) das Wasser aus dem Aquädukt Virgo.

Brauchbare Adressen

Informationen ueber Museen, Monumente, Ausstellungen, Dienstleistungen in Rom und Unterhaltungsprogramme (auch zeitlich befristete) fuer Kinder und Jugendliche erhält man an den **INFORMATIONSSTAENDEN** der "Ente Provinciale del Turismo" (ProvinzAmtsstelle fuer den Tourismus) in:
L.go Goldoni; L.go Corrado Ricci; Via Nazionale (Palazzo delle Esposizioni).
Öffnungszeiten: Dienstag - Samstag 10 - 18 Uhr, Sonn -und
Feiertag 10 - 13 Uhr, Montag geschlossen.

Fuer Infomationen "on-line" auf der **Internet Seite**:
www.comune.roma.it.
Hier können auch verschiedene Nachrichten ueber Kinderprogramme nachgelesen werden.

Informationen seitens der Comune di Roma (Gemeinde Rom) sind auf Seite 600 im Televideo Regional (Rai 3) nachzulesen, währendessen die Seite 634 speziell fuer Kinder bestimmt ist.

Bibliotheken

Comune di Roma: Biblioteca Centrale per Ragazzi
Palazzetto Specchi: Via S. Paolo alla Regola 16,
Tel.: 6865116/68801040
Öffnungszeiten: von Montag bis Freitag von 9.00 bis 18.30 Uhr,
Samstag von 9.00 bis 13.00 Uhr.
Spezialisiert auf das Alter von 0-16 Jahre. Lehrfilme und Zeichentrickfilme. Professionelle Buecherei fuer Lehrkörper.
Buecherverleih. Informationen ueber andere Bibliotheken erhalten Sie an der Biblioteca Centrale per Ragazzi.

Parkanlagen (mit Freizeitaktivitäten fuer Jugendliche)

Gianicolo
Eingänge: Porta Cavalleggeri, Salita di Sant'Onofrio, Porta SanPancrazio, Via Garibaldi,
Passeggiata del Gianicolo.
Bus: 41.
Jeden Sonntag findet auf dem Platz ein Puppentheater statt und Kinder haben die Möglichkeit Karussell zu fahren.

Orto Botanico.
Eingang: Largo Cristina di Svezia 24 (Trastevere)
Bus: 23, 280.
Geöffnet von 9 bis 17.30 Uhr. Sonn- u. Feiertag geschlossen.
Eintrittskarte Lire 4.000.

Der botanische Garten verfuegt ueber eine Vielfalt von Pflanzen. Snack Bar und Spielplatz.

Parco di Monte Mario.
Eingänge: Via della Camiluccia; Via De Amicis; Via del Parco Mellini.
Bus: 907, 913, 628.

Geschuetzter Naturpark fuer Pflanzen und Tiere. Naturwege und Spielplatz.

Villa Ada.
Eingänge: Via Salaria; Via Ponte Salario; Largo Bangladesh.
Bus: 168, 53.

Karussell, Spiele, Ponyverleih, Trainingsstrecken.

Villa Borghese.
Eingänge: Piazzale Flaminio; Porta Pinciana; Via Mercadante;
Via Aldrovandi; Viale delle Belle Arti.
Bus: 95, 490, 495, 52, 910, 926, 19, 9/b, 30/b.
Metro: B (Flaminio)

Boots- und Fahrradverleih, 3 Snack Bars, Kino fuer Kinder, Karussell, Reitklub, Ponyverleih, Zoo.

Villa Celimontana.
Eingang: Von Monte Celio in Piazza della Navicella.
Bus: 13, 30/b, 81, 673..

Kinderspielplatz und Leichtathletikfeld.

Villa Doria Pamphili.
Eingänge   Via di San Pancrazio; Via della Nocetta; Via Aurelia Antica.
Bus: 982, 144, 31, 791.

Kinderspielplatz, Leichtathletikfeld, Vogelhaus.

Villa Gordiani.
Eingänge: Via Prenestina; Via Rovigno d'Istria; Via Romiti;
Via Olevano Romano; Viale Partenope.
Bus: 112, 213, 312, 314, 501, 561, 553, 14, 19, 516, 517.

Kinderspielplatz, Bocciaplatz, Fussballplatz.

BRAUCHBARE ADRESSEN

Villa Glori.
Eingang: P.le Parco della Rimembranza.
Bus: 230, 3, 53, 168, 910.
Kinderspielplatz, Ponyverleih.

Villa Sciarra.
Eingang: Via Calandrelli.
Bus: 44, 75, 710.

Kinderspielplatz, Vogelhaus, Imbisstube.

KINO UND THEATER FUER JUGENDLICHE

Cinema Grauco Via Perugia 34, Tel. 70300199
Öffnungszeiten: Samstag und Sonntag 16.30. Zeichentrickfilme.

Cinema Dei Piccoli Viale della Pineta 15, Tel. 8553485
Täglich geöffnet von 17.oo bis 18.30 Uhr.

Puppet Theatre Via di Grottapinta 2, Tel. 5896201
Puppentheater jeden Sonntag 17.00 - 20.00 Uhr.
Fuer Vorstellungen in englischer Sprache ist eine Vorbestellung notwendig.

Teatro burattini all'Eur Laghetto dell'Eur, Tel. 5585366
Puppentheater täglich von 15.00 - 20.00 Uhr.

Teatro burattini del Gianicolo Ple. del Gianicolo, Tel. 5827767
Puppentheater täglich von 16.00 - 20.00 Uhr.

Teatro Mongiovino degli Accettella Via Giovanni Genocchi 15, Tel. 5139045, Marionettentheater.

Teatro San Raffaele Viale Ventimiglia 6, Tel. 6535467
Kindervorstellungen von Montag bis Freitag von 10.30 - 12.00 Uhr.

Teatro Verde Circon.ne Gianicolense 10, Tel. 5882034
Öffnungszeiten: 10.00 - 14.00 Uhr. Kindervorstellungen am Samstag und Sonntag um 17.00 Uhr.

Teatro Villa Lazzaroni Via Appia Nuova 522, Tel. 7809996
Theatervorstellungen fuer Kinder.

Raetselauflösungen

Seite 26. 1) Karthager; 2) Afrikaner; 3) Ägypter; 4) Grieche.

Seiten 52-53 D B E A C

Seite 55. Keine der hier aufgezeichneten Gegenstände gab es damals.

Seite 60 Das erste Kind von links, welches vom Kolosseum träumt.

Seite 61 **T**empel, **A**uge, **B**aum, **U**hr, **L**öwe, **A**uge, **R**omulus, **I**gel **U**hr, **M**uenze.
Daraus entsteht das Wort: **TABULARIUM**

Seite 62. Das fuenfte Kind von links hat einen Spaziergang gemacht.

Seite 69. Die Nummer 6

Seite 71.

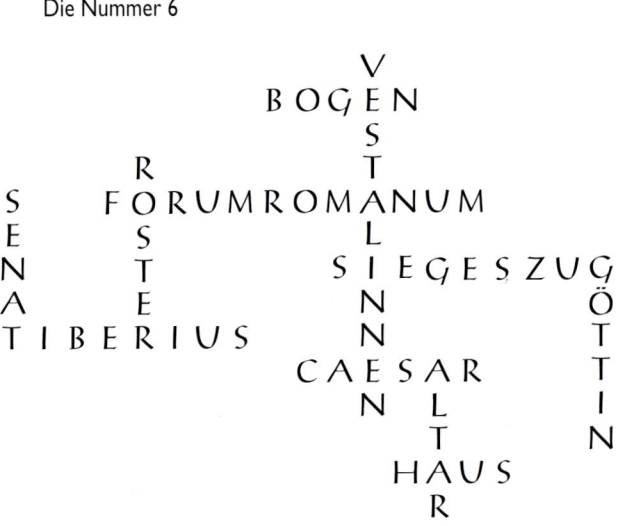

```
                    V
              B O G E N
                    S
              R     T
    S       F O R U M R O M A N U M
    E         S     L
    N         T       S I E G E S Z U G
    A         E       N             Ö
    T I B E R I U S   N             T
                    C A E S A R     T
                      N   L         I
                          T         N
                        H A U S
                          R
```

Seite 89. 1. Zeile: Tempel; 2. Zeile: Muenze; 3. Zeile: Roster;
4. Zeile: Statue; 5. Zeile: Schiff; 6. Zeile: Wolken;
7. Zeile: Wecker; 8. Zeile: Schirm.
Die uebriggebliebenen Buchstaben ergeben das Wort BASILIKA

Seite 97. Die Zeichnungen mit Nummer 1 und 5 gehören zum Palatin, die anderen gehören zum Forum.

Seite 106. (1) C (2) B (3) C (4) B

Druck Fratelli Palombi
Februar 1997